MÉMOIRES

D'UN

NOTAIRE.

PAR LE COMTE

ARMAND DE PONTMARTIN.

I

———

PARIS,

GABRIEL ROUX ET CASSANET, ÉDITEURS,

33, rue Sainte-Marguerite-Saint-Germain.

—

1849.

MÉMOIRES

D'UN NOTAIRE.

NOUVEAUTÉS EN VENTE.

BALZAC.

Le Provincial à Paris. . . 2 vol.
La Femme de soixante ans. 3 vol.
La Lune de miel. . . . . . 2 vol.
Petites misères de la vie
   conjugale. . . . . 3 vol.
Modeste Mignon. . . . . . 4 vol.

CLÉMENCE ROBERT.

Le Tribunal secret. . . . 4 vol.
Le Pauvre Diable. . . . . 2 vol.
Le Roi. . . . . 2 vol.
William Shakspere. . . 2 vol.
Mandrin. . . . . 4 vol.
Le Marquis de Pombal. . 1 vol.
La Duchesse d'York. . . 1 vol.
Les Tombeaux de Saint-
   Denis. . . . . 2 vol.
La Duchesse de Chevreuse. 2 vol.

EMMANUEL GONZALÈS.

Mémoires d'un Ange. . . 4 vol.
Les Frères de la Côte. . 2 vol.
Le Livre d'Amour. . . . 2 vol.

HENRY DE KOCK.

La Course aux Amours. . 3 vol.
Lorettes et Gentilshommes 3 vol.
Le Roi des Étudiants. . 2 vol.
La Reine des Grisettes. . 2 vol.
Les Amants de ma Maîtresse 2 vol.
Berthe l'Amoureuse. . . . 2 vol.

ÉLIE BERTHET.

Le Nid de Cigogne. . . . 3 vol.
Le Braconnier. . . . . . 2 vol.
La Mine d'or. . . . . . . 2 vol.
Richard le Fauconnier. . 2 v l.
Le Pacte de famine. . . 2 vol.

ROLAND BAUCHERY.

Les Bohémiens de Paris. . 2 vol.
La Femme de l'Ouvrier. . 2 vol.

Mme CHARLES REYBAUD.

Thérésa. . . . . 2 vol.

MÉRY.

Un Mariage de Paris. . . 2 vol.
Le Transporté . . . . . . 2 vol.
La Veuve inconsolable. . . 2 vol.
Une Conspiration au Louvre 2 vol.

PAUL FÉVAL.

Le Mendiant noir. . . . . 3 vol.
La Haine dans le mariage 2 vol.

MOLÉ-GENTILHOMME.

Le château de Saint-James. 4 vol.
Marie d'Anjou. . . . . . 2 vol.
La Marquise d'Alpujar. . . 1 vol.
Le Rêve d'une mariée. . . 2 vol.

AMÉDÉE ACHARD.

Roche-Blanche. . . . . . . 2 vol.
Belle Rose. . . . . 5 vol.
La Chasse royale . . . . . 2 vol.

MICHEL MASSON.

Les Enfants de l'atelier. . . 1 vol.
Le Capitaine des trois Cou-
   ronnes. . . . . 4 vol.
Les Incendiaires. . . . . . 4 vol.

SAINTINE.

La Vierge de Fribourg. . . 1 vol.

LÉON GOZLAN.

La Dernière sœur grise. . 1 vol.

P.-L. JACOB.

Mémoires de Roquelaure. . 7 vol.

ROGER DE BEAUVOIR.

L'Abbé de Choisy. . . . . 3 vol.
Mémoires de Mlle Mars. . . 2 vol.

EUGÈNE DE MIRECOURT.

Madame de Tencin. . . . 2 vol.
La Famille d'Arthenay. . . 2 vol.

Imprimerie D'ÉDOUARD PROUX et comp., rue Neuve-des-Bons-Enfants, 3.

MÉMOIRES

D'UN

NOTAIRE.

PAR LE COMTE

ARMAND DE PONTMARTIN.

I

PARIS,

GABRIEL ROUX ET CASSANET, ÉDITEURS,

33, rue Sainte-Marguerite-Saint-Germain.

—

1849.

A PAUL HUET.

Mon ami, permettez-moi de vous dédier ce livre; il a le tort de trop ressembler à ces feuilletons-romans dont nous avons souvent déploré ensemble les excès et les énormités. S'il s'en distingue par quelqu'endroit, c'est par ce sentiment descriptif, par cette étude passionnée des beautés du paysage, à laquelle j'ai été initié en contemplant la nature et en regardant vos tableaux. Cet *idéal*, qui n'est ni le faux, ni

l'académique, et que vous poursuivez à travers
la réalité littérale, cette poésie des couchers de
soleil derrière les collines brumeuses, des
échappées lointaines s'ouvrant dans les massifs
pleins d'ombre, des vapeurs matinales s'exha-
lant du sein des lacs bleus et transparens, cette
poésie qui est la vôtre, j'aurais voulu pouvoir
en baigner quelques-unes de ces pages, pour
que les sombres histoires qui s'y déroulent y
adoucissent leurs teintes rembrunies ; à peu
près comme ces douleurs poignantes que paci-
fient et attendrissent la solitude et la campagne.
Cet idéal, je ne l'ai pas atteint ; qu'il me suffise
auprès de vous de l'avoir rêvé ! les défauts de
ces pauvres *Mémoires*, écrits au milieu de nos
tristes orages, frapperont, hélas ! tous les yeux :
pour y découvrir cette qualité dont je vous
parle, et qui ne s'y trouve peut-être qu'à l'état
de *bonne intention*, il faudra le regard de l'amitié ; c'est pour cela, mon cher Paul, que je
m'abrite sous la vôtre. Acceptez ce livre comme
le souvenir d'une affection que j'appellerais fra-

ternelle, si ce mot n'avait été, depuis un an, cruellement profané. Entre nous, heureusement, cette affection est de force à résister aux variations du vocabulaire, et, si elles changent quelque chose au langage qui l'exprime, elles ne changent rien au cœur qui la ressent.

ARMAND DE PONTMARTIN.

7 mars 1849.

PROLOGUE.

En 1846, par une belle journée d'automne, une
chaise de poste attelée à quatre chevaux, courait sur la
grande route de Montélimart à Avignon, avec cette
étourdissante vitesse, qui, dans la langue universelle
des voyageurs et des postillons, se traduit en se tari-
fant. De temps à autre, le propriétaire de la voiture
passait par la portière sa tête brune ombragée de che-

veux noirs, et d'une voix agitée il s'efforçait de hâter
encore cette allure insolite.

Il était clair qu'un homme aussi pressé ne voyageait
pas pour jouir des beautés du paysage, ni pour recueillir des renseignemens archéologiques. Aussi avait-il
successivement dépassé le château de Mornas, nid
d'orfraie d'où le baron des Adrets, tour à tour catholi-
que et protestant, s'amusait à jeter tour à tour les pro-
testans et les catholiques ; puis, la charmante rivière
d'Aigues, à demi cachée sous ses fraîches oseraies, et
dont le pont, placé à l'angle de deux routes, conduit
aux heureuses vallées de Vinsobres et de Nyons ; puis
Orange, la ville romaine, dont les monumens dorés
par le soleil méridional et enchâssés dans de vertes
prairies, ressemblent à un antique joyau garni d'éme-
raudes ; notre homme dis—je, avait dépassé tous ces
sites curieux sans donner le moindre signe d'attention.

Seulement, partout où la grande route se rapproche
du Rhône et permet d'apercevoir les sinuosités de son
cours rapide, il se tournait de ce côté avec inquiétude,
cherchant de l'œil s'il ne découvrirait pas, dans l'intervalle des collines qui s'étagent aux bords du fleuve,
ou au dessus des arbres qui se mirent dans ses eaux,
cette colonne de fumée flottante, compagne ordinaire
du bateau à vapeur. Ensuite, lorsqu'il s'était assuré

qu'aucun indice n'en annonçait encore l'approche, sa poitrine exhalait un soupir de soulagement.

Il était quatre heures du soir ; jusqu'au dernier relai notre homme ne vit rien ; mais en sortant du village de Sorgues et à la faveur d'un coude que forme la route pour côtoyer de plus près le Rhône, l'impatient voyageur aperçut dans le lointain cette fumée qu'il semblait redouter. Bientôt le tube noir, suivi de son panache grisâtre, apparut plus distinctement à travers les peupliers et les saules auxquels il se mêlait parfois comme un tronc mobile et calciné. Il n'y avait pas à en douter ; un quart d'heure encore, et il allait arriver à Avignon.

A cette vue, l'homme à la chaise de poste poussa d'abord un cri de désappointement et de colère ; puis, comme s'il eût voulu entrer en lutte avec cet agile antagoniste, il se pencha une dernière fois à la portière, et dit au postillon : «Cinq louis pour toi, si nous arrivons en même temps que ce bateau !» — Ces mots produisirent un effet magique ; l'automédon essoufflé et ses maigres quadrupèdes retrouvèrent pour parcourir ces derniers kilomètres une vigueur qu'on ne leur eût pas soupçonnée. Sans y penser, le voyageur venait de mettre en présence les deux grands pouvoirs de la société moderne : la vapeur et l'argent.

Dès lors, la voiture suivit d'un tel train le chemin qui lui restait encore, qu'elle déboucha triomphalement sur le quai du Rhône, au moment où le bateau à vapeur passait devant son débarcadère, et commençait à opérer la manœuvre de l'abordage. C'est l'instant où les portefaix, les facteurs de diligence et les garçons d'hôtel, debout sur le parapet du quai, se livrent à cette proverbiale pêche aux voyageurs que l'on s'accorde à représenter comme odieuse, et qui, selon moi, n'est que plaisante. Ce sont d'incroyables *tutti*, d'ébouriffans unissons, des concerts de voix moins mélodieuses, j'en conviens, que celle de Mario, et qui vous offrent, en patois provençal ou dans un français bien plus provençal encore, tous les véhicules, depuis le char jusqu'à la brouette, et tous les logemens, depuis le palais jusqu'à la cellule. Il y a là dix minutes de désordre et de tapage, pendant lesquelles le passager qui se souvient de son Horace n'a rien de mieux à faire qu'à imiter le *justum et tenacem*, et à s'asseoir paisiblement sur ses paquets, en attendant la fin de la bourrasque.

Pendant ce temps, notre inconnu, demeuré dans sa voiture qu'il avait fait arrêter à une petite distance, réveilla son valet de chambre qui dormait sur le siége comme dorment les domestiques, et lui dit rapidement :

—Jacques, tu connais le vicomte Charles de Varni?

— Oui, Monsieur.

— Et te connaît-il ?

— Je ne crois pas.

—Très bien. Tu vas te faufiler à travers cette foule qui se presse autour de ce bateau : avant cinq minutes tu en verras sortir M. de Varni. Son premier mot sera pour demander la maison de M. Calixte Ermel, notaire à Avignon : retiens bien ce nom : avant qu'il ait eu le temps de le répéter, fais-toi jour jusqu'à lui ; parais devant ses yeux ; parle plus haut que tout le monde, et offre-lui de le conduire à la maison de M. Ermel.

— Mais je ne la connais pas ?

— Raison de plus : vous n'en serez que plus longtemps à la trouver : en chemin, d'ailleurs, propose-lui de lui montrer les curiosités de la ville, les monumens, le musée...

— Mais s'il n'y en a pas ?

— Il doit y en avoir : au reste, si tu as peur de ton rôle de cicérone, promène M. de Varni dans quelques rues ; et puis tu lui avoueras que tu t'es trompé, que ce n'est pas M. Calixte Ermel que tu connais, mais un autre notaire que tu lui nommeras au hasard : l'important, c'est que je puisse avoir une demi-heure d'avance, et que je voie M. Ermel avant que Charles n'arrive chez lui ; tu me comprends, n'est-ce pas ?

Le domestique fit un signe affirmatif ; son maître reprit :

— Dès lors tout est bon pourvu que tu le retardes : voilà le but ; je te laisse le choix des moyens ; la ville est grande ; le soir approche ; tu as de l'imagination ; je me fie donc à toi, et me borne à te donner rendez-vous, dans une heure, à l'hôtel d'Europe, d'où nous repartirons immédiatement : maintenant pas un mot de plus, car il me semble que les voyageurs commencent à se débrouiller. Puis s'adressant au postillon encore en selle, et lui montrant la porte dite de *la Ligne* :

— Entre par cette porte, lui cria-t-il, suis l'intérieur des remparts, et conduis-moi chez M. Calixte Ermel, notaire, rue *Banasterie.*

Le postillon obéit, les commis de l'octroi, devant qui les hommes cessent d'être égaux du moment qu'ils voyagent en poste, laissèrent passer la voiture sans souffler mot. Quelques secondes après, elle s'arrêtait dans une rue assez triste, devant une maison assez belle, dont la porte principale était surmontée d'une tablette en marbre gris sur laquelle on lisait, en grosses lettres : Calixte Ermel, notaire. Cette indication était

complétée par une foule d'affiches placardées sur la
porte et sur la façade, et annonçant toutes les ventes,
licitations, faillites, jugemens et enchères du département.

L'étranger ne s'amusa pas à examiner tous ces détails : il paya à la hâte le postillon, lui ordonna de conduire la voiture à l'hôtel d'Europe, entra dans la maison, demanda le notaire, et monta l'escalier quatre à
quatre.

Arrivé au premier étage, il ouvrit une porte drapée
dont l'étoffe, les galons et les clous avaient perdu, à
force de vétusté, leurs couleurs primitives. Il traversa
l'étude, sombre et vaste pièce où deux ou trois clercs
lisaient en cachette le *Comte de Monte-Christo*, discrètement placé sous une pile de dossiers ; puis il
franchit le seuil respectable du cabinet où le notaire
se trouvait seul en ce moment.

Maître Calixte Ermel était un homme d'environ
cinquante-cinq ans ; mais il paraissait presque septua-
génaire, tant il y avait d'altération dans sa physionomie, de fatigue dans ses traits, de rides sur ses joues
et de cheveux blancs sur sa tête. Cette vieillesse pré-
coce donnait à l'ensemble de sa figure un air de distinction mélancolique assez rare chez ses confrères.
Il était complètement vêtu de noir, et ce costume sem-

blait chez lui un signe de deuil plutôt qu'une conséquence de sa profession. En l'examinant d'une façon
plus attentive, on retrouvait la vie et comme une dernière trace de jeunesse dans son regard spirituel et
dans le léger pli qui fronçait le coin de sa bouche. De
cet examen on pouvait aisément conclure que, par
l'expérience ou les chagrins, M. Ermel était plus vieux
que son âge, mais qu'il était plus jeune par l'intelligence et par le cœur.

La pièce où il se trouvait ressemblait à tous les cabinets de notaire en province; il était assis dans un
fauteuil de cuir, devant une grande table de travail
couverte de liasses de papiers; des deux côtés de la
cheminée à laquelle il tournait le dos, des étagères en
bois de noyer renfermaient, dans des cases d'égale dimension, des cartons carrés, peints en vert, garnis
d'un anneau de cuivre, et dont chacun portait une éti-
quette caractéristique : Hypothèques.—Ventes.—Baux
à ferme.—Testamens.—Contrats de mariage, etc. —
Vis-à-vis, dans une bibliothèque assortie aux étagères,
se pressaient de massifs in-folios, remplis de jurispru-
dence et de poussière. Le seul objet qui attirât l'attention, était un rideau de soie noire qui occupait presque
toute la cloison parallèle à la fenêtre, et qui paraissait
recouvrir quelque meuble ou quelque tableau de prix.

En entrant dans le cabinet du notaire, l'inconnu ôta sa casquette de voyage, écarta le collet de son paletot, et l'on put voir alors un homme de trente à trente-cinq ans, d'une beauté admirable, mais sinistre. Ses yeux bruns, son teint basané, ses cheveux de jais, ses traits fortement accusés se seraient mieux accommodés peut-être de la cape des pêcheurs corses que de ses habits de dandy. L'expression de son visage était mâle, presque dure ; son sourire, en découvrant ses dents blanches sous ses lèvres rouges et un peu grosses, avait quelque chose d'effrayant.

Au moment où il parut devant M. Ermel, celui-ci le regarda avec une sorte d'attention inquiète, pareille à un pressentiment. On eût dit qu'en examinant le nouveau-venu, il sentait peu à peu s'éveiller de lointains et pénibles souvenirs ; mais celui-ci ne lui laissa pas le temps de s'y reconnaître :

— Maître Calixte Ermel, lui dit-il brusquement, je suis Simon d'Arrioules ; vous avez connu mon père ; vous en souvenez-vous ?

Le notaire tressaillit : son pâle visage se teignit d'une rougeur subite qui se dissipa aussitôt pour faire place à une expression de terreur :

— Simon d'Arrioules ! vous ! dit-il d'une voix tremblante ; puis il ajouta : Et peut-on savoir ce qui me vaut l'honneur de vous recevoir ici ?

— Oh ! ne le devinez-vous pas ?

— Pas encore, reprit M. Ermel qui avait l'air de chercher, mais qui devinait.

— Quoi ! vous voyez entrer chez vous un homme qui se nomme d'Arrioules, et vous ne comprenez pas qu'il doit y avoir près d'ici un autre homme qui s'appelle Varni !... ah ! maître Ermel ! je vous croyais moins oublieux ou plus clairvoyant !

— Il est donc vrai ! murmura le notaire accablé.

— Oui, reprit Simon ; dans une demi-heure, moins encore peut-être, Charles de Varni sera devant vous, à la place où je suis.

— Et que vient-il faire ?

— Vous êtes son notaire ; vous êtes son ami ; il vient vous demander ses fonds et vous demander un conseil.

— Mais il y a bien long-temps que M. de Varni n'a plus mis le pied dans cette ville ; il n'y connaît plus personne ; ces fonds, qu'il avait laissés entre mes mains, je les lui faisais passer à Florence, à Rome, en Suisse, à Madrid, partout où le transportaient cette humeur nomade, ces goûts d'artiste qui semblaient du moins devoir le dérober à sa destinée. Je croyais... j'espérais ne jamais le revoir !

— Oui, mais il est venu un jour où je me suis rappelé que j'avais une tâche à accomplir et que je trouverais ici un homme pour me seconder : cet homme, c'est vous ; ce jour, c'est celui-ci !

— Ainsi donc cet argent ? ce conseil ?

— Oh ! monsieur Ermel, entre complices on joue cartes sur table, et je ne prétends rien vous cacher : cet argent, c'est pour me le confier, à moi qu'il croit son meilleur ami ; ce conseil, c'est pour savoir s'il doit épouser une fille perdue, qu'il croit ma sœur. En d'autres termes, l'argent c'est pour sa ruine ; le conseil, c'est pour son malheur.

— Mais comment les choses sont-elles arrivées jusque-là ? dit le notaire avec une surprise mêlée d'épouvante.

— Voici. Vous vous souvenez, n'est-ce pas ? de la mort du vicomte de Varni, le père de Charles ?

— Si je m'en souviens ! s'écria M. Ermel, dont la pâleur s'accrut encore. Si je me souviens de l'événement qui a laissé dans ma vie sa funèbre et ineffaçable empreinte... Ah! il y a de cela vingt-cinq ans, et il me semble que c'est hier. M. de Varni habitait alors son château de Maleraygues, dans les Cévennes ; une grande chasse aux loups devait réunir chez lui tous les propriétaires d'alentour, et, comme ami de la maison, j'étais invité : je me disposais à partir, le soir même, pour Maleraygues, et je m'occupais, dans ce cabinet où nous sommes, de mes apprêts de chasse et de départ....

— Lorsque vous vîtes entrer, interrompit Simon, un homme d'une physionomie énergique et sombre, qui vous dit : Je suis Jérôme d'Arrioules ; il faut que vous me présentiez à M. de Varni, et que je fasse partie de la chasse...

— Ah ! c'est cela même, balbutia le notaire avec une émotion qui semblait raviver pour lui tous les fantômes du passé ; je compris aussitôt que Jérôme avait un dessein sinistre : hélas ! ne savais-je pas de quel héritage de haine et de vengeance nous étions chargés tous les deux ? Je l'interrogeai, je le suppliai, je me jetai à ses genoux, il fut inflexible ; et à mes questions, comme à mes prières, il n'opposa que ces seuls mots : Il faut que vous me présentiez à Maleraygues ; je vous l'ordonne au nom de la vicomtesse Maria de Varni. Alors j'essayai de résister à cette volonté impérieuse ; j'essayai de peindre à Jérôme ce qu'il y avait d'affreux, de criminel dans cette succession meurtrière, dans cette hérédité sanglante, qui, après tant de pleurs et de

sang versé, nous enchaînait encore ; je lui dis que des
générations et des années avaient passé sur cet épouvantable souvenir ; que le crime dont nous étions les
vengeurs avait été largement expié ; que nous devions
désormais laisser reposer, dans le pardon et dans l'oubli, ces trois noms, ces trois familles, liées par un
pacte infernal ; les Varni, pour être victimes ; les d'Arrioules, pour être bourreaux ; les Ermel, pour être
instrumens ; je lui dis tout cela avec des sanglots dans
la voix, avec des gestes supplians ; je le priai comme
on prie l'homme dont on attend un arrêt de vie ou de
mort ; un instant je me crus sauvé.....

— Mais lui, interrompit encore Simon d'Arrioules,
il vous prit alors par le bras, comme je vous prends
aujourd'hui, et vous entraînant, comme je le fais, vers
ce rideau noir, il tira ce cordon de soie, et le rideau,
en se repliant comme en ce moment, laissa à décou-
vert le portrait de Maria de Varni.

Tout en parlant, M. d'Arrioules, joignant l'action à
la parole, avait entraîné le notaire vers le grand rideau qui occupait le fond de l'appartement, et qu'il
tira avec violence ; tous deux tressaillirent à la vue de
l'objet qui se découvrait à leurs yeux.

C'était un portrait en pied, de grandeur naturelle,
le portrait d'une femme de vingt ans, vêtue et coiffée

à la mode du dix-huitième siècle. Un faible nuage de poudre, répandu sur ses cheveux blond-cendré, adoucissait encore la blancheur mate de sa peau, et faisait ressortir l'éclat incomparable de ses épaules et de sa poitrine. Peut-être aurait-on pu reprocher à son teint un peu de pâleur, et un léger amaigrissement au pur ovale de son visage ; mais ces symptômes, presque imperceptibles, paraissaient tenir à une souffrance cachée, plutôt qu'à un état habituel, et ils ajoutaient une sorte de mystérieux attrait à son idéale beauté. Ses yeux, d'un bleu de mer, de cet azur changeant dont la limpidité et la transparence cachent tant d'abîmes et d'orages, avaient une expression si saisissante qu'on ne pouvait s'en détacher. C'était un de ces portraits *regardans*, c'est à dire qui, soit hasard, soit intention du peintre, vous poursuivent de leur regard, à quelque point de vue que vous vous placiez. Cette illusion d'optique, cette fixité mobile, achevaient de donner à cette figure ravissante je ne sais quoi d'inquiétant et d'implacable.

Le cadre était armorié, et portait la date suivante :

HYÈRES, 10 OCTOBRE 1756.

Simon d'Arrioules et M. Ermel restèrent un moment silencieux devant cette magnifique peinture : à la fin, Simon, se tournant vers le notaire, lui dit avec cet accent énergique qui rendait plus significative chacune de ses paroles :

— C'est bien elle! oui, c'est bien ainsi que mon aïeul l'avait vue, que mon père me l'avait dépeinte et que je l'avais rêvée ; c'est bien cette Maria de Varni dont le spectre insatiable plane encore sur cette famille maudite ! Je savais que ce portrait était ici ; je savais que ce testament terrible était écrit dans cet ardent regard, dans cette date indélébile ; je savais qu'en invoquant cette image comme mon père l'avait invoquée, je vous ferais courber la tête et obéir à mes ordres.

— Ah ! vous êtes impitoyable comme le fut Jérôme ! reprit M. Calixte Ermel ; impitoyable pour le fils comme il le fut pour le père... Car, vous dites vrai, il finit par triompher de ma résistance, et le lendemain... oh ! c'est affreux ! et rien qu'en retraçant ce souvenir, je me sens repris du vertige qui me saisit alors et qui m'a fait passer tant de jours fiévreux, tant de nuits d'insomnie !...

— Oui, le lendemain, insista Simon insensible à ce désespoir, vous présentâtes mon père au vicomte de Varni, comme un de vos amis, bon vivant et chasseur intrépide. Il fut reçu, hébergé à Maleraygues, et trois jours après, dans cette grande battue qui eut lieu aux Combes d'Escanourgues, un coup de fusil, tiré derrière un fourré de chênes, atteignit le vicomte à la tempe et le fit tomber raide mort. Pour sa veuve, pour les autres chasseurs, pour tout le monde enfin, cette mort fut le résultat d'une imprudence , un de ces épisodes lugubres, mais vulgaires, qui ensanglantent quelquefois les parties de chasse : vous seul y reconnûtes la main de l'hôte mystérieux que vous aviez présenté ; n'est-ce pas cela ? ma mémoire me trompe-t-elle ?

— Non ; elle est aussi fidèle que votre haine, répondit le notaire avec une sombre ironie : mais savez-vous ce qui suivit cette journée fatale ? la veuve du vicomte devint folle de douleur et mourut au bout de quelques mois. Charles, son fils unique, celui-là même que vous poursuivez aujourd'hui, était alors un enfant de cinq ou six ans ; orphelin, dernier rejeton d'une famille sur laquelle le malheur et la mort ne se lassaient pas, il me fut confié ; je devins son tuteur ; c'est moi, qui, en gardant la gestion de sa fortune, pris des mesures pour éloigner cet enfant d'un pays où le passé et l'avenir pesaient également sur sa tête ; je vendis tous ses biens, j'en réalisai le prix, que je fis valoir et qui a prospéré dans mes mains ; je voulais que Charles n'eût plus ici un coin de terre, plus un intérêt, plus un lien ; dès que son éducation fut finie, je lui inspirai le goût des voyages, et, malgré mon affection, je n'étais jamais si heureux que lorsqu'il y avait entre nous bien des montagnes et des mers... Ah ! sauver ce jeune homme était désormais ma seule tâche, ma seule espérance en ce monde ! Ecoutez, je fis bien plus encore ; j'aimais une jeune fille, belle et pure comme les anges ; j'étais aimé d'elle, accepté par ses parens ; nous allions être fiancés, et tout, dans cette union, me promettait le bonheur. Mais à mon retour de Maleraygues, couvert de ce sang que j'avais, sinon versé, du moins laissé répandre, je me jugeai et me condamnai moi-même. Je me dis que les joies de l'amour, les douceurs du foyer domestique n'étaient point faites pour l'homme forcé de léguer après lui un aussi affreux héritage, et que si je n'avais pu échapper à ma destinée, elle devait finir avec moi ; je crus qu'en me résignant à vivre seul, à mourir tout entier, je détournerais de Charles une chance fatale, je disputerais à l'avenir le dernier acte de ce long drame. Je rompis mon mariage sous un frivole prétexte ; je vis sans pâlir les larmes de ma fiancée ; je scellai mon cœur comme la pierre d'un tombeau. Vieillard de trente ans, je sentis, en quelques jours, vingt années s'apesantir sur mon

front : mes cheveux blanchirent ; mes joues se ridè-
rent ; ma taille se courba ; je pris ces habits de deuil
que je n'ai jamais quittés ; il me sembla que je n'avais
plus que quelques pas à faire pour sortir de cette vie
où il ne me restait qu'à prier, pleurer et souffrir. Ah !
qui m'eût dit que Dieu me laisserait vivre assez long-
temps pour que mon sacrifice fût inutile ? Qui m'eût
dit que cette horrible tâche dont je voulais être le dernier héritier, retomberait sur moi une fois encore?...
sur moi qui n'ai pas même su mourir !

—Eh bien ! je suis moins généreux que vous, répliqua
Simon ; ce testament de vengeance a produit sur tout
mon être un effet bien indifférent ! Il y a, dans ma vie,
un jour, une heure qui a dominé et absorbé tout le
reste ; dix ans se sont écoulés depuis ce jour, et chaque détail, chaque incident, chaque parole est restée
gravée dans ma mémoire. C'était à Baveno, aux bords
du lac Majeur ; mon père s'y était retiré après la partie
de chasse de Maleraygues, et n'avait plus voulu rentrer en France : sentant que sa fin approchait, il me
fit venir près de son lit et me déroula toute cette histoire : « Simon, ajouta-t-il, tu seras bientôt seul dé-
» positaire de ce secret, seul chargé de cette mission,
» ne faiblis pas ; il te faut avoir de l'énergie pour deux ;
» car maître Ermel s'est laissé gagné par une sotte pi-

» tié;, et, quand le temps viendra de réclamer son con-
» cours, tu trouveras en lui un adversaire plutôt qu'un
» complice : n'importe! notre ouvrage doit s'accom-
» plir, et la troisième génération être frappée comme
» les deux autres. Cette fidélité à notre serment est
» désormais le seul honneur de notre famille : Claude
» d'Arrioules, mon père, a tenu la parole qu'il avait
» donnée à madame de Varni mourante; j'ai tenu celle
» que j'avais donnée à mon père : à ton tour mainte-
» nant, mon fils ! Jure-moi que tu seras aussi inexora-
» ble que nous l'avons été. » — Je jurai; et, à l'instant,
il me sembla qu'une nouvelle âme descendait en moi,
qu'une puissance inconnue me poussait à l'accomplissement de cette destinée. C'était la robe de Nessus!
Elle étreignit tout-à-coup mes épaules, étouffant, brûlant, consumant tout ce que j'avais de jeunesse, de
compassion et de bonté. Quand j'eus fermé les yeux
de mon père ; quand j'eus suivi son cercueil au cimetière du village, je me relevai du bord de la fosse entièrement transformé ; je m'identifiai si bien avec mon
rôle, que je ne savais si j'allais obéir à la voix du passé
ou assouvir ma propre haine. J'étais seul au monde ; il
y avait bien long-temps que ma mère était morte... car
vraiment, poursuivit Simon avec amertume, le mal
que nous faisons ne nous épargne pas, et nous res-

semblons à la lame qui s'use et s'ébrèche en coupant !...
Je ne tenais plus à la vie que par cet anneau mystérieux auquel je venais de me river. Je me mis immédiatement à l'œuvre, et le hasard me servit à souhait !
Un jour, en feuilletant les registres de l'unique auberge de Baveno, je lus le nom de Charles de Varni, arrivé la veille : il commençait la série de ses voyages, et,
dès le début, son mauvais génie le mettait à ma portée ;
le lendemain, nous nous rencontrâmes sur le lac ; je
passai auprès de Charles pour un Français aussi passionné que lui pour les voyages, et heureux de trouver un compatriote : vous savez comme on se lie vite
en pareille occasion : quelques jours après, nous nous
arrangions pour parcourir ensemble l'Italie. Isolés
tous deux, tous deux sans famille, l'analogie de nos
positions devait hâter notre intimité : d'ailleurs, pour
plaire à M. de Varni, j'assouplis ma rude nature ; je
pris ses goûts ; je me pliai à ses habitudes ; je choisis
de préférence les sujets de causerie qu'il préférait. Au
bout d'un mois, nous étions inséparables ; depuis, nous
nous sommes rarement perdus de vue ; et, je vous le
répète, il me regarde comme son meilleur ami.

— Mais pourquoi cette feinte amitié ? s'écria Calixte
Ermel.

— Parce que je voulais l'observer, le connaître, savoir où il fallait frapper pour frapper plus juste : croyez-vous donc que ma haine intelligente ne demande pas autre chose que le sang de Charles de Varni? Ah! si je me contentais de si peu, qu'il m'eût été facile d'en finir! Dans nos excursions à travers les Alpes, au bord de la mer, au fond des forêts de la Calabre, quelle trace eût laissé mon crime? Qui m'eût accusé ou soupçonné? Tout terminer d'un coup de fusil ou d'un coup de poignard, la belle affaire! Mon père s'y était décidé, faute de mieux; mais il me sembla que le spectre de Maria de Varni attendait de moi une vengeance plus délicate, plus raffinée. Préparer de longue main le malheur de Charles, étudier son caractère pour trouver une arme contre lui dans chacune de ses qualités ou de ses faiblesses, faire sourire à ses regards tout ce qui attache à la vie, l'espérance, l'amitié, l'amour; puis, de tous ces élémens de bonheur, composer pour lui un désastre immense... voilà ce que j'ai voulu.

— Et, murmura le notaire fasciné malgré lui, que vous ont appris ces dix ans d'intimité avec l'homme que vous vous êtes désigné pour victime?

— Maintenant je le connais mieux qu'il ne se connaît lui-même, répliqua Simon; il y a chez lui du rêveur, de l'artiste et du grand seigneur; il est prodigue, romanesque et fier; il ne peut pas exister pour

lui de plus grand malheur que d'être trahi par l'amitié
et par l'amour, surtout si la première de ces trahisons
le ruine, et si la seconde le ridiculise. Or, dans quinze
jours, il sera ridicule et ruiné.

— Comment cela?

— Le temps me presse, reprit M. d'Arrioules en
regardant à sa montre ; Charles pourrait déjà être ici,
et il ne doit pas m'y rencontrer ; il ne doit pas savoir
que j'y suis venu.

— Soyez tranquille, dit tristement M. Ermel : si
l'on frappait à la porte, je vous ferais sortir par mon
jardin qui donne sur une ruelle déserte.

— Eh ! bien, je continue ; il y a deux ans (Charles
était en Orient), j'allai aux eaux d'Aix : il n'était bruit à
mon arrivée, que de l'humiliation qu'on venait d'infli-
ger à une fille célèbre, nommée Esther Goujon. Cette
fille, belle comme les anges et méchante comme les
démons, avait eu l'audace de se présenter, deux jours
de suite, au salon du cercle, dans une parure d'un
luxe impertinent. On l'avait chassée, séance tenante ;
et, afin de rendre son expulsion plus honteuse encore,
les femmes qui se trouvaient là, impitoyables, comme
toujours, avaient affecté de brûler, sur son passage,
du bois de sandal, en disant bien haut qu'elles vou-
laient purifier l'air infecté par la présence de cette

belle pécheresse. Je sus qu'Esther s'était enfuie à Chambéry; j'allai l'y trouver... Non, jamais vipère, se dressant sous le pied qui l'écrase, n'eut plus de colère et de venin! — Veux-tu, lui dis-je, rendre à ce monde qui t'outrage, coup pour coup, affront pour affront?—Oui, dit-elle, en se tordant de rage, pourvu que je me venge, pourvu que je fasse du mal à quelqu'un; et, de ses mains crispées, elle déchirait en morceaux la dentelle de son mouchoir. — Veux-tu t'allier avec moi, comme le complice au criminel, comme l'esclave au maître? — Oui. — Veux-tu m'aider dans l'exécution d'un projet qui mettra à ta merci la fortune et la destinée d'un homme? — Oui. — Pour y parvenir, es-tu capable de tout?—De tout. —Même de ressembler, pendant quelques temps, à une honnête femme? — S'il le faut, j'essaierai dit-elle, et un sourire diabolique glissa sur ses lèvres pâlies : tels furent les préliminaires de notre marché; il fut conclu immédiatement; j'emmenai Esther, et je l'installai dans un de ces délicieux chalets qui environnent Interlaken. Je lui fis prendre le deuil, et elle passa pour ma sœur, veuve d'un vieux seigneur sicilien, le marquis Belperani. Quand nous eûmes bien accrédité dans le pays, notre position réciproque, j'allai à la rencontre de Charles de Varni, qui devait revenir par

Venise. Après les premières embrassades, je lui dis d'un ton d'affectueuse confidence : Charles, j'ai à vous révéler un secret que mon amitié vous avait caché jusqu'ici : j'ai une sœur. — Et pourquoi me l'avoir laissé ignorer ? répliqua-t-il un peu surpris. — Parce que ma sœur était mariée à un vieillard, jaloux comme Othello, et j'ai redouté ce qui n'eût pas manqué d'arriver si je vous eusse présenté à ma chère Ottavia. — Quoi donc? —Elle avait quarante ans de moins que son mari : vous êtes romanesque ; notre intimité vous eût vite autorisé à devenir son attentif; il y aurait eu là pour elle et pour vous, une source de chagrins et de périls. — Et aujourd'hui? — Aujourd'hui, ce péril n'existe plus ; son vieux mari, le marquis Belperani, est mort en Sicile, il y a deux mois : Ottavia est libre.— Votre sœur est donc bien belle ? me demanda Charles dont l'imagination courait déjà les grands chemins. — Vous la verrez, répondis-je froidement.

— Ah ! je commence à tout comprendre, interrompit le notaire, qui suivait le récit de Simon comme un homme en proie à un mauvais rêve.

— Patience ! j'aurai fini tout à l'heure, continua M. d'Arrioules : quelques semaines après, nous étions de retour à Interlaken, et je présentai solennellement le vicomte Charles de Varni, *mon meilleur ami*, à la

prétendue marquise Ottavia Belperani : j'avais fait
d'avance la leçon à Esther ; mais qu'est-ce que notre
pitoyable science, comparée au génie de ces femmes
étranges ! Ces quelques semaines avaient suffi à Esther
pour une métamorphose complète. Pâle, blanche,
voilée dans ses longs habits de deuil, elle était si poétique et si belle, que moi-même, dont le cœur s'est
armé d'une triple cuirasse, je tressaillais parfois à ses
côtés. Quant à Charles, il ne tarda pas à devenir
éperdûment amoureux ; je feignis de ne pas m'en
apercevoir, et c'est là que je pus admirer l'art infernal
avec lequel Esther jouait son rôle. Tour à tour réservée, coquette, soumise, hautaine, mélancolique, sou-
riante, irrésistible dans son abandon comme dans sa
froideur, elle mit une année à consommer son œuvre
de séduction, faisant passer son adorateur par toutes
les phases de l'anxiété et de l'espérance, et le repous-
sant toujours sans le décourager jamais : ces alterna-
tives nous ont conduits jusqu'à cet été. Enfin, un beau
soir, après une longue et sentimentale causerie, où
Esther avait déployé plus de grâces qu'il n'en fallait
pour tourner la tête à un homme raisonnable, Charles
de Varni, me prenant à part, m'a avoué qu'il aimait
ma sœur, et qu'il serait le plus heureux des hommes,
s'il pouvait obtenir sa main. — Je le savais, ai-je ré-

pliqué avec l'accent superbe du grand-maître des Templiers ; si je ne suis pas allé au devant de vos confidences, c'est qu'il y a un obstacle ; Ottavia est pauvre ; son vieux mari ne lui a rien laissé ; je suis moi-même sans fortune, et... — Qu'à cela ne tienne ! je suis riche, et si je vous dois le bonheur que je rêve, je ne me croirai pas quitte en partageant avec vous. —Langage de roman ! ai-je repris d'un air grave ; mais il y aurait un moyen de tout concilier ; on m'offre de diriger une entreprise de chemin de fer, de Palerme à Messine ; il ne me manque que les fonds nécessaires ; en vous associant avec moi, vous faites ma fortune en doublant la vôtre ; car, je sais, de science certaine, qu'un bénéfice net de cent pour cent est assuré dans cette affaire !—Dès ce moment, tout ce que je possède est à vous, m'a dit Charles avec l'enthousiasme des amoureux, ces actionnaires par excellence ; il ne s'agit donc plus que d'obtenir le consentement de votre divine sœur.—Oh ! ceci vous regarde, mon ami, ai-je répondu avec un sourire qui n'avait rien de désespérant. En effet, Charles a eu avec la fausse marquise Belperani un entretien décisif ; et après l'avoir encore une fois désolé, exalté, enivré par une gradation savante de refus, d'hésitations, de réticences et d'aveux, elle a laissé tomber de ses lèvres

charmantes cette syllabe indéfinie qui veut dire *oui*,
pour les amans. Le lendemain, Charles, comme tous
les hommes d'une imagination mobile, paraissait un
peu préoccupé, au milieu de ses extases de bonheur;
je lui en ai demandé la cause : — C'est, m'a-t-il dit,
que j'ai en France un vieil ami, un tuteur que je n'ai
pas vu depuis longues années, et que je désirerais revoir avant de m'enchaîner pour jamais. — Rien de
plus juste, et comment s'appelle cet ami? — Maître
Calixte Ermel, notaire à Avignon ; isolé, ayant à peine
connu mes parens, c'est sur M. Ermel que j'ai transporté toutes mes affections, et je me croirais coupable
si je ne soumettais à son approbation le projet qui va
fixer ma destinée; il a d'ailleurs entre les mains ma
fortune, mes titres de famille, mes papiers : sous tous
les rapports, cette entrevue me semble indispensable.
— Eh bien! mon ami, d'ici à Genève, il n'y a que
trente-six heures; de Genève à Lyon, une nuit; de
Lyon à Avignon, une journée : en bien peu de temps,
si vous le voulez, vous pouvez être auprès de M. Ermel... *Mais avant toi, avant toi j'y serai*, ai-je ajouté
tout bas, comme le Bertram de Meyerbeer. C'est ainsi
que tout s'est arrangé : Charles de Varni est parti d'Interlaken; et moi, une heure après, je courais la poste,
en payant doubles et triples guides, pour le devancer

à Avignon ; car je n'avais pas oublié les dernières paroles de mon père : « Méfie-toi de maître Calixte Ermel : il s'est laissé gagner par une sotte pitié. »

— Ainsi donc, vous le précédez de bien peu ?...

— De si peu que j'ai failli n'arriver qu'après lui. Heureusement, à Genève, où j'ai été forcé de perdre deux heures, par suite d'un accident survenu à ma voiture, j'ai rencontré un ancien valet de chambre qui m'avait quitté depuis quelques années, et dont M. de Varni a, sans nul doute, oublié la figure ; je l'ai pris avec moi, à tout hasard, pensant qu'il pouvait m'être utile ici : je ne m'étais pas trompé ; le drôle a de l'esprit ; c'est lui que j'ai chargé de s'emparer de M. de Varni à l'arrivée du bateau à vapeur, et de lui faire perdre une demi-heure en le promenant, sous un prétexte quelconque, pour me donner le temps de vous parler. Je ne sais quel moyen il aura trouvé ; mais, comme cette promenade ne peut pas être éternelle, je vous quitte, maître Ermel, et je me résume : Charles de Varni va venir ; il vous dira : Voulez-vous me remettre mes fonds, pour que je les confie à M. d'Arrioules ? — Il faut lui répondre : Les voici. — Il ajoutera : Dois-je épouser la marquise Ottavia Belperani, sœur de M. d'Arrioules ? Il faut lui répondre : Epousez-la.

— Jamais ! jamais ! s'écria le notaire essayant un dernier effort.

— Vous seriez donc parjure, reprit Simon d'une voix terrible. Vous oseriez donc désobéir aux ordres de la vicomtesse Maria de Varni ?

Pendant qu'il prononçait ces paroles, un dernier rayon du soleil couchant, se dégageant des nuages rougeâtres qui l'entouraient et glissant à travers les rideaux de la fenêtre, vint éclairer, d'une lueur sanglante, le portrait de madame de Varni : ce regard implacable, cette date inscrite, en lettres noires, sur ce cadre d'or, flamboyèrent aux yeux du notaire comme pour l'accuser de faiblesse et d'oubli.

Debout auprès de lui, et semblable à l'ange du mal, M. d'Arrioules murmurait à son oreille : Hyères, 10 octobre 1756.

— Le 10 octobre 1756 !... s'écria tout-à-coup M. Ermel, comme s'il s'éveillait d'un songe : le 10 octobre !... Et c'est aujourd'hui le 25 septembre 1846 !..... Oui ! vendredi 25 septembre ! répéta-t-il en regardant un calendrier fixé par une épingle au coin de la cheminée.

— Eh bien ! interrompit Simon en fronçant le sourcil.

— Eh bien ! dans quinze jours le délai fatal expire ;

car, vous, qui savez tout, poursuivit M. Ermel avec
plus de force, ne savez-vous pas que madame de Varni,
voulant que sa vengeance atteignît trois générations,
et calculant d'après les chances probables, a fixé à quatre-vingt-dix ans la durée de cette vengeance ? Oui,
le 10 octobre de cette année termine ce bail épouvantable ; le 10 octobre, Charles de Varni est sauvé !...

— Mais il nous reste quinze jours, répliqua M. d'Arrioules, toujours inflexible ; c'est plus qu'il n'en faut
pour en finir. Il nous reste quinze jours, et demain
les fonds de M. Varni peuvent lui être remis, et vendredi prochain il peut être fiancé à Esther Goujon.
Croyez-vous donc, Monsieur, que j'avais oublié cette
date, et que mes mesures n'étaient pas prises ? Croyez-
vous qu'en précipitant un dénoûment si lentement
préparé, je n'étais pas guidé par cette voix qui me crie
sans cesse : Hâte-toi ! Maria de Varni veut être obéie,
et il n'y a pas un instant à perdre !

— Oh ! grâce ! pitié !

— Non, point de pitié ! point de grâce ! Le vicomte
de Varni, l'époux de cette Maria, morte de chagrin,
eut-il pitié d'elle ? fit-il grâce à Gaston de Tervaz ?

— Oh ! Monsieur, reprit le notaire, les mains jointes, qu'est-ce donc que quinze jours ? Frapper Charles de Varni, lorsqu'un temps si court suffirait pour le

dérober à ce malheur, pour nous délivrer de cette tâche ! N'est-ce pas un raffinement de cruauté ? Ah ! si elle pouvait parler, elle nous dirait qu'elle est assez vengée et qu'elle pardonne !

En ce moment, un coup de marteau retentit à la porte de la maison. — Voici Charles de Varni ! dit rapidement M. d'Arrioules ; il faut que je sorte sans qu'il me voie.

M. Ermel ouvrit à la hâte une petite porte masquée dans la cloison, et montra à Simon un escalier dérobé qui donnait sur le jardin ; puis, appelant un vieux domestique qui ratissait les allées : Antoine, lui cria-t-il, fais sortir Monsieur par la rue du *Vice-Légat*.

Avant de sortir, M. d'Arrioules, se retournant une fois encore vers le Notaire, et lui désignant du doigt le portrait, lui dit d'un ton impérieux : Ainsi que vous l'a ordonné, il y a vingt-cinq ans, Jérôme d'Arrioules, mon père, je vous ordonne d'être aujourd'hui fidèle à notre serment. Adieu, maître Ermel ! nous ne nous reverrons plus en ce monde !

M. Ermel baissa la tête : Simon disparut. Tout ceci avait été plus rapide que l'éclair ; on entendit le bruit de la porte qui se refermait, puis des pas qui montaient l'escalier.

— C'est Charles ! c'est ce malheureux enfant ! bégaya le Notaire. Et, accablé d'émotion et de fatigue, il retomba sur son fauteuil en se cachant le visage avec ses mains.

A sa grande surprise, il vit entrer, au lieu de M. de Varni, un de ses plus vieux amis, M. Denis Beaucanteuil.

Les relations d'intimité qui existaient entre M. Beaucanteuil et M. Ermel, avaient résisté à leurs dissentimens politiques (1). M. Ermel était royaliste : il appartenait à cette fraction de la bourgeoisie qui, liée au passé par des traditions honorables ou de pieux souvenirs, n'avait pas cru qu'il fallût abjurer tout-à-coup ces souvenirs ou ces traditions. D'ailleurs, aux yeux de ces hommes d'élite, la révolution de 1830 n'a été qu'un accident, une surprise ; et, dès lors, la regarder comme l'avènement de la classe moyenne, c'est manquer de respect à celle-ci ; car sa cause était trop bonne et son triomphe trop sûr, pour qu'il ne valût pas mieux l'attendre d'un développement progressif que du coup de tête d'une population irritée. En laissant germer, croître et mûrir les idées modernes, on eût tout obtenu sans rien compromettre. Tôt ou tard,

(1) Tout ce prologue et tout ce premier volume ont été écrits et publiés avant la révolution de février.

par la seule force des choses, en vertu de cette loi
suprême qui veut que l'intelligence et le travail sur-
vivent à toutes les autres aristocraties, le bourgeoisie
intelligente serait devenue la maîtresse du monde ; et
cela, sans secousse, sans qu'aucun droit fût froissé ni
aucune vérité méconnue ; sans qu'une victoire trop
hâtive, déconcertant les notions du juste et de l'injuste,
nous amenât, par une invincible pente, à cette phase
d'industrialisme et de corruption dont nous voyons les
tristes effets. Aussi M. Ermel, qui avait cherché à se
consoler de ses chagrins dans les délices de l'horti-
culture, comparait-il la révolution de juillet à une de
ces bises provençales qui font tomber le fruit préma-
turément : et au lieu de se hausser pour le cueillir, on
se baisse pour le ramasser.

M. Denis Beaucanteuil, au contraire, était *juste-
milieu* : pourquoi ? il ne le savait pas trop bien lui-
même. En 1816, lors du passage de monseigneur le
comte d'Artois, on avait oublié de l'inviter au bal de
la préfecture. L'année suivante, un de ses voisins de
campagne, avec lequel il était en procès, avait été
nommé chevalier de la Légion-d'Honneur. Ce fut
assez pour que M. Beaucanteuil s'abonnât au *Consti-
tutionnel* et savourât, de confiance, les tartines politiques de cet estimable journal. Lorsqu'arriva la révo-

lution de juillet , notre homme , beaucoup moins spirituel que M. Ermel, crut sérieusement que le peuple
de Paris n'avait dressé des barricades et tiré des coups
de fusil , que pour qu'il devînt, lui Beaucanteuil , un
personnage important dans l'Etat. Il passa successivement par tous les honneurs municipaux , et comme
cette maudite restauration l'avait fort enrichi (elle n'en
faisait jamais d'autres !) il eut une bonne maison , où
les préfets daignèrent venir manger ses perdreaux et
goûter le vin de sa cave. Il était de toutes les fêtes
officielles, donnait le bras aux belles dames , et ouvrait
la chasse avec les gros bonnets du département. Gai
convive , beau joueur , bonhomme au fond , M. Beaucanteuil avait , en politique , cet optimisme impertur-
bable qui consiste à affirmer que tout va bien , pourvu
que les marquis se tiennent pour battus et que les pro-
létaires se résignent à mourir de faim. « De quoi vous
plaignez-vous ? disait-il aux mécontens : aimeriez-vous
mieux que les communistes pillassent vos fermes ou
que les grands seigneurs rétablissent la dîme ? en vérité,
vous êtes bien difficiles ! » Le régime actuel représentait pour lui une somme de petites jouissances , où
entraient un peu d'égoïsme , beaucoup de vanité et
quelques grains de jalousie satisfaite. Ajoutez-y une
légère dose de peur , et, de ces divers ingrédiens ,

vous composerez cette foule de Beaucanteuils que les journaux ministériels appellent les bons citoyens.

Au reste, inoffensif et même serviable, comme tous les hommes qui voudraient éterniser à leur profit un *statu quo* dont ils se trouvent bien, M. Beaucanteuil aimait à rendre service, surtout à M. Ermel que son royalisme compromettait de temps en temps.

Tels étaient les deux hommes réunis dans le cabinet du notaire : les différences qui existaient dans leurs opinions n'étaient pas moindres dans leurs personnes. La figure pâle et distinguée de M. Ermel, son regard fin et mélancolique, ses vêtemens de deuil, constrastaient avec l'embonpoint triomphal, les joues rubicondes et la mise pimpante de son ami. Pourtant ce visage épanoui avait, en ce moment, une expression de solennité et de mystère qui n'eût pas échappé à M. Ermel, s'il eût été moins troublé : il eût aussi remarqué l'heure insolite choisie par M. Beaucanteuil qui, pour venir le voir, avait dû retarder son dîner! Mais tels étaient l'effroi et la douleur qu'avait laissés dansl'âme du notaire son entrevue avec Simon d'Arrioules, qu'il faisait peu d'attention à tout le reste.

Suivant l'usage des provinciaux lorsqu'ils sont en proie à une préoccupation grave, les deux amis commencèrent par échanger des paroles insignifiantes :

—Encore une belle journée! dit M. Beaucanteuil.

— Bien chaude! répliqua M. Ermel.

—Vingt-trois degrés Réaumur à mon thermomètre, c'est à dire vingt-huit degrés centigrades! reprit M. Beaucanteuil qui tenait à être en règle vis-à-vis des nouvelles mesures. Tout va bien ; nos raisins sont aussi bons que ceux de l'année de la comète; j'en ai envoyé hier à madame la préfète qui m'a fait l'honneur de me dire qu'elle n'en a jamais mangé de meilleurs.

Il y eut un silence.

—Eh bien ! Ermel, que dites-vous de *notre* mariage?

— *Notre* mariage ? s'écria le notaire en tressaillant ; il croyait encore entendre Simon d'Arrioules lui dérouler son terrible projet.

— Oui, le mariage de *notre* prince avec une infante d'Espagne! Hein! quel beau *schleem*!

— N'est-ce que cela? fit M. Ermel d'un air distrait.

— Que cela ! répliqua M. Beaucanteuil un peu piqué. L'œuvre de Louis XIV! Plus de Pyrénées !... mais j'oubliais que vous êtes de ceux que nos succès affligent. Et, à ce propos, mon cher Ermel, poursuivit-il en prenant une pose majestueuse, permettez-moi de vous rappeler encore ce que je vous ai répété cent fois... Avec vos diables d'opinions politiques, vous finirez par vous mettre sur les bras quelque mauvaise affaire !...

— Que voulez-vous dire?

— Oh! vous me comprenez.

— C'est possible; mais faites comme si je ne comprenais pas.

— Voyons, Ermel, point de diplomatie entre nous; ce n'est pas ici le fonctionnaire public qui vous parle, c'est uniquement l'ami, Nierez-vous qu'il soit arrivé aujourd'hui même, par le bateau à vapeur, un individu qui vous était adressé, qui se réclame de vous, qui a essayé de nous donner le change sur son nom et sa qualité, mais qui n'a pu tromper la sagacité de Môsieur le maire et la mienne ?..

— Et quel est cet individu? demanda le notaire, cherchant le mot de cette bizarre énigme.

— Il prétend se nommer le vicomte Charles de Varni. Mais moi, Denis Beaucanteuil, adjoint, conseiller municipal et décoré, je soupçonne ou plutôt j'affirme que c'est un officier ou un général espagnol, carliste, qui veut passer la frontière pour aller rejoindre le comte Montemolin : j'ai dit.

Les deux interlocuteurs se regardèrent un moment;

malgré son trouble et ses angoisses, M. Ermel eut peine à réprimer une forte envie de rire.

— Et d'abord, poursuivit M. Beaucanteuil d'un ton magistral, il prétend se nommer le vicomte Charles de Varni : en effet, il y avait anciennement une famille de ce nom, à laquelle vous étiez, je crois, fort attaché : mais feu le vicomte de Varni n'a-t-il pas été tué à la chasse, il y a longues années? Et ne m'avez-vous pas dit souvent que son fils unique s'était expatrié, avec la ferme intention de ne jamais revenir dans ce pays-ci?

— Cela est vrai.

— Donc, première difficulté : mais ce n'est pas tout: le voyageur en question soutient qu'il venait chez vous; or, remarquez, singularité fort équivoque! qu'il ne savait pas où vous demeuriez !... Ce n'est pas tout encore: un quidam, qui s'est emparé de lui à sa sortie du bateau à vapeur, et qui, sous prétexte de lui indiquer votre maison, l'a conduit à la mairie, m'a dit tout bas, en entrant : « Méfiez-vous de cet homme-là, et demandez-lui son passeport. » Après quoi il a disparu.

— Ensuite? interrompit le notaire qui commençait à écouter avec une vive attention.

— Ensuite, après nos premières questions auxquelles

l'étranger a répondu comme les gens qui ont tort, c'est à dire en se fâchant, nous lui avons demandé son passeport ; il a bien fait tout ce qu'on fait en pareil cas ; il a cherché dans toutes ses poches ; il s'est fouillé, il s'est emporté, il a crié au voleur ! bernicle !... Vous comprenez que nous avons été peu émus de ce petit manége : connu ! connu !

— Ainsi donc, reprit M. Ermel d'une voix tremblante d'émotion, l'homme qui accompagnait le vicomte... le soi-disant vicomte Charles de Varni, c'est celui-là même qui vous a conseillé de le retenir comme suspect et de lui demander son passeport ?...

— Justement.

Ici M. Ermel, s'il eût été au courant du répertoire des mélodrames, aurait placé l'exclamation obligée : Merci, mon Dieu ! — il se contenta de rendre mentalement grâce à la Providence qui permettait que le domestique aposté par Simon d'Arrioules devînt peut-être, sans s'en douter, le sauveur de Charles de Varni.

A dater de ce moment, la conversation marcha sans encombre : c'était le notaire qui la dirigeait en ayant l'air de la subir.

— Et que concluez-vous de tout ceci ? dit-il à M. Beaucanteuil aussi froidement qu'il le put.

— Vous allez le savoir : nous autres, administrateurs, chargés de veiller à la sûreté de l'Etat, nous sommes forcés de bien raisonner. Le comte de Montemolin a quitté la France, c'est chose notoire ; les officiers espagnols dévoués à sa cause doivent être en campagne, et nous savions qu'il devait en passer plusieurs à Avignon, ces jours-ci. En votre qualité d'incorrigible, vous êtes allé, l'année dernière, à Bourges, où vous avez vu le prétendant et sa petite cour. Nul doute que vous n'ayez lié connaissance avec le personnage débarqué aujourd'hui. Il sera resté en correspondance avec vous ; il vous aura écrit ses projets de fuite, et vous lui aurez indiqué le nom de Varni, comme mot de passe en cas d'arrestation. Le reste s'explique de soi-même ; notre homme arrive aujourd'hui par le bateau, comptant sur votre dévoûment pour se procurer de l'argent, des papiers en règle, et filer de là sur Marseille ou sur Bayonne : en débarquant, il rencontre un officieux, agent de police déguisé en commissionnaire, qui le suivait probablement depuis Lyon, et qui nous l'amène : si bien qu'au lieu de maître Calixte Ermel, opiniâtre ennemi du gouvernement, l'Espagnol se trouve en face de défenseurs de la sécurité publique, qui ne reculeront pas devant l'accomplissement de leurs devoirs... N'est-ce pas cela ? Ne suis-je pas un sorcier ? demanda M. Beaucanteuil, en se caressant le menton.

— Non, mon ami, non, vous n'êtes pas sorcier, répondit le notaire avec une légère expression de malice ; mais je conviens que vous êtes un habile logicien, et que vos déductions ne manquent pas de vraisemblance.

— A la bonne heure ! vous avouez donc ! s'écria M. Beaucanteuil mis en belle humeur et souriant comme un souverain qui pardonne ; je le disais bien que c'était un Espagnol et que vous le connaissiez... je suis sûr qu'il fume le *Papelito ?* ...

— Non ; le cigare.

— *A fortiori* ; qui peut le plus, peut le moins ! c'est un Espagnol... Comment prononce-t-il Xerès ?...

— Il ne le prononce pas.

— Pure tactique ; je le tiens pour Castillan... parions qu'il joue de la guitare !...

— Non, du piano.

— Cela revient au même ; le piano est une guitare assise.

— Beaucanteuil, mon ami, vous êtes bien bel-esprit !

— Ermel, mon très cher, vous êtes bien mauvaise tête !

—Et que faut-il donc faire pour vous sembler sage?

— Me répondre avec franchise ; ne pas lutter contre l'évidence : voyons ! vous ne niez plus, n'est-ce pas ?

— Et comment voulez-vous que je nie ? vous faites vous-même les demandes et les réponses : d'ailleurs, cet individu serait-il vraiment M. de Varni, je ne le reconnaîtrais probablement pas ; la dernière fois que j'ai vu Charles de Varni, il sortait du collége ; il y a de cela près de quinze ans.

— Et quelle figure avait-il alors ?

— Ah ! répliqua le notaire qui se souvint du premier acte de la *Pie voleuse* et du signalement de Fernando lu avec variantes par Ninetta, il avait alors le teint fort blanc et les cheveux châtain-clair, tirant sur le blond.

—Bon ! exclama M. Beaucanteuil ; celui-ci est noir comme un chasseur d'Afrique, et ses cheveux ont la couleur des plumes de corbeau.

— Vous m'étonnez. — Mon Varni, à moi, était petit et annonçait des dispositions à l'embonpoint.

— Bravo ! celui-ci est sec comme un hareng, et sa taille est de cinq pieds six pouces, ou plutôt d'un mètre soixante-cinq centimètres.

— Je m'y perds : il avait le nez épaté.

— De mieux en mieux ! celui-ci a le nez aquilin ; tout ce qu'il y a de plus aquilin.

— Un signe sur la joue gauche...

— Pas plus de signe que sur la main !

— Enfin, je crois me souvenir qu'il bégayait.

— Bravissimo ! le nôtre parle couramment ; et, qui plus est, il n'a pas le moindre accent, ajouta M. Beaucanteuil qui en avait beaucoup ; je vous avoue même que je trouvais qu'il parlait trop bien pour un Espagnol et que cela me gênait un peu dans mes conjectures ; il faut croire qu'il aura appris le français, à Bourges, de quelqu'académicien de ce pays-là !

— Mais enfin, reprit le notaire en affectant un air fort abattu, dans le doute, que comptez-vous faire ?

— Ah ! vous appelez cela le doute ! quand je viens d'enregistrer tous vos aveux !

— Des aveux ! moi ! je n'en ai fait aucun, répliqua M. Ermel qui savait qu'un peu de résistance ne gâterait rien à la situation : vous avez des soupçons, je ne puis vous opposer des preuves : j'ai des souvenirs, vous m'opposez des faits ! soit, mais je n'avoue rien, je ne crois rien, je ne sais rien. Vos conjectures peuvent être chimériques ; mes souvenirs peuvent être inexacts ; M. de Varni peut être changé : si c'est là ce que vous appelez un aveu, vous n'êtes pas difficile !

— Fort bien ; je comprends que vous ne vouliez capituler qu'avec les honneurs de la guerre ; mais en attendant, et jusqu'à plus ample informé, le prétendu vicomte de Varni, c'es t à dire l'officier espagnol, c'est à dire le voyageur sans passeport, ira loger en prison...

— Allons donc ! dit tout bas le notaire, nous avons eu de la peine à y arriver ; puis il ajouta tout haut, avec une expression de surprise et de douleur parfaitement jouée :

— En prison, pour un passeport égaré ! oh ! Monsieur !

— Oui, Ermel, en prison ! répéta M. Beaucanteuil qui tenait davantage à ses idées à mesure qu'on essayait de le contredire. Mais, soyez tranquille, nous connaissons les égards dus au malheur et à la fidélité. L'imprudent étranger sera traité avec toute la politesse désirable ; il aura une bonne chambre, et vous pourrez aller le voir si vous le désirez. Voilà comme nous sommes, nous ! Et pourtant vos journaux nous accusent de faire de l'arbitraire et de persécuter les gens !

— Mais si vous vous trompez ?

— Si nous nous trompons, nous le saurons bientôt ; car cet intéressant pseudonyme parle d'écrire à ses amis, afin de faire constater son identité : alors nous lui ferons des excuses, et je vous invite d'avance à mon pavillon, où nous boirons à la santé de tous les Varni présens, passés et futurs. Mais si le susdit pseudonyme est ce que je suppose, nous n'aurons qu'à nous applaudir de notre clairvoyance, de notre fermeté ; nous aurons contribué, une fois encore, à la sécurité publique, et notre prisonnier restera sous les verroux jusqu'à nouvel ordre. Du haut de notre tour majestueuse, il pourra chanter tout à son aise le grand air d'Elleviou :

> O Richard, ô mon roi,
> L'univers t'abandonne!

Et **M.** Baucanteuil, donnant l'exemple, se mit à fredonner cet air d'une voix quinquagénaire qui ne manquait pas d'agrément. Les provinciaux de cinquante ans ont tous un faible pour le vieil opéra-comique.

— Là dessus, bonsoir ! reprit-il ; mon dîner se refroidit ; et, parce qu'il plaît aux ennemis de la reine Isabelle de tenter de nouvelles équipées , ce n'est pas une raison pour que môsieur Beaucanteuil en perde le boire et le manger... Adieu donc, maître Ermel, et sans rancune ! *J'ai voulu voir, j'ai vu.*

Et il sortit la tête haute et l'œil superbe, en homme qui vient de sauver la patrie.

Resté seul, le notaire se sentit si ému par ces deux

scènes successives et d'un caractère si différent, qu'il
fut obligé de s'appuyer un moment au dossier de son
grand fauteuil. Puis, se remettant peu à peu, et reprenant, avec le fil de ses idées, le souvenir détaillé de ces
deux étranges visites : Charles est sauvé ! s'écria-t-il
tandis qu'un rayon de joie éclairait son visage amaigri ;
Les lubies de cet excellent Beaucanteuil nous donnent
du temps, et c'est tout ce qu'il nous fallait ! avant que
M. de Varni puisse écrire à Interlaken et recevoir la
réponse, nous avons bien des jours devant nous; et
cela, sans que j'y sois pour rien, sans que j'aie dit une
parole, sans que personne, même M. d'Arrioules,
puisse m'accuser d'avoir trahi cet horrible pacte !...
M. d'Arrioules ! n'est-ce pas lui qui a tout fait ! n'est-
ce pas son valet de chambre qui, pour mieux obéir à
son maître... Oh! c'est un coup du ciel! Oui; M. de
Varni en prison, tous ses projets sont forcément arrê-
tés... Pendant ce temps, les jours passent, le terme approche, le 10 octobre arrive; et alors, poursuivit le
notaire avec plus d'énergie, alors tout est fini ! je suis
libre ! cette chaîne atroce se brise d'elle-même : je puis
parler ! je puis tout dire ! et Charles de Varni échappe
pour toujours à cet affreux péril! O mon Dieu ! soyez
béni! vous n'avez pas voulu que ce dernier crime s'ac-
complît!... Et toi, Maria de Varni, tu es vaincue! ton

infernale puissance va rentrer dans le néant comme un spectre qui se rejette au fond de son tombeau !

La soirée avançait. A peine apercevait-on au couchant quelques bandes lumineuses, rayées de pourpre et d'opale, qui s'amincissaient de plus en plus, envahies par le sombre azur d'une nuit d'automne. M. Ermel alluma sa lampe, et, à cette tremblante clarté, il regarda autour de lui ; involontairement, sa vue s'arrêta sur le portrait de Maria de Varni. Cette pâle et belle figure semblait, dans son immobilité sinistre, jeter au notaire un regard de défi et de menace. Il sentit à cet aspect un nouveau frisson d'épouvante, et, tirant violemment le rideau de soie, il en couvrit cette fatale image.

Le lendemain, de bonne heure, et après une nuit fort agitée, maître Calixte Ermel se dirigea vers la prison : il avait hâte de voir enfin le vicomte Charles de Varni.

Les prisons d'Avignon occupent une partie de l'ancien palais des papes : ce gigantesque édifice, beau de sa seule grandeur, et qui n'a, dit-on, de rival que le Généralife, domine, de sa masse irrégulière, une plate-forme au dessous de laquelle s'étage la ville, avec ses toits noirâtres, ses clochers de différens styles, ses pans de murs gothiques aux élégantes rosaces, l'aiguille dentelée de son beffroi, dernier reste de son vieil hôtel-de-ville, ses tourelles saillantes, souvenirs des maisons cardinales, et ses sveltes remparts menacés aujourd'hui, dans leur longévité pacifique, par le tracé du chemin de fer : tant il est difficile de concilier l'industrie et l'art, le beau et l'utile, les besoins de l'avenir et le luxe du passé, la poésie du vieux monde et l'intérêt du monde nouveau ! Hélas ! ce palais des papes n'est-il pas lui-même une preuve des démentis que la marche des siècles fait subir à la destination des monumens ? La demeure des souverains pontifes d'une religion de paix et de liberté est devenue une caserne et une prison.

M. Ermel, après avoir rempli les formalités d'usage, monta un escalier fort raide qui le conduisit à un grand corridor, sur lequel ouvraient des chambres d'une dimension assez mesquine, blanchies à la chaux et réservées pour les prisonniers de distinction. C'est dans une de ces cellules, garnie à la hâte de quelques meubles, qu'on avait logé M. de Varni. Là, M. Ermel eut encore une surprise ; il croyait le trouver fort en colère ; il le trouva presque de bonne humeur, et disposé à prendre sa mésaventure en plaisanterie.

C'est que le vicomte Charles de Varni était, à vrai dire, un homme bizarre ; tout à la fois sentimental et léger, passionné et rieur, enthousiaste et sceptique,

la mobilité de ses impressions le sauvait de leur vivacité. On eût dit que son existence était une histoire
qu'il se racontait à lui-même, et où il eût voulu jeter
sans cesse ce qui dominait dans sa personne, l'imprévu.
Benjamin Constant avait contracté, dans sa liaison
avec madame de Charrière, « une insurmontable aver-
sion pour les maximes communes »: Charles de Varni,
exagérant encore cette antipathie, s'etait imposé la loi
de faire, en toutes citconstances, le contraire de ce
qu'eût fait à sa place un homme commun. Ne se ressembler jamais, tels étaient le défaut et le charme de son
caractère qui paraissait si désintéressé dans sa propre
cause qu'il désarmait le blâme en le prévenant. Sa tête
vive, son imagination romanesque l'entraînait souvent
à faire des sottises, dont il se dédommageait en les
racontant, et la grâce qu'il mettait à les avouer atténuait
pour lui le chagrin de les avoir faites. Tout contribuait
à le rendre tel que nous essayons de le peindre. La
mort violente de son père, les souvenirs tragiques qui
avaient plané sur son berceau, l'avaient détourné des
voies ordinaires, en jetant au seuil de son enfance une
sombre et vague légende de deuil. Elevé à Paris, à
une époque de tentatives enthousiastes, bientôt suivies
d'avortemens et de mécomptes, cette éducation à la
fois si forte et si fragile, soulevant tout et ne s'appuyant

sur rien, l'avait disposé à tout comprendre sans rien appliquer, à tout rêver sans rien croire. Enfin ses voyages, en déplaçant presque chaque année le centre de ses affections et de ses idées, en rompant ses habitudes à mesure qu'il les formait, étaient devenus les complices de cette mobilité d'esprit et de cœur. Pour accepter le sérieux de la vie, l'homme a besoin d'être sédentaire. Bien qu'il y ait en nous un principe de curiosité et d'inconstance qui nous pousse vers l'inconnu, Dieu, pour neutraliser ce que ce principe aurait de dissolvant, a voulu qu'il s'établit une sorte d'affinité entre les lieux que nous habitons, les devoirs qui nous attachent, les êtres qui nous entourent, et les sentimens qui nous animent; mystérieux faisceau dont notre cœur est le lien !.. Il a voulu que les arbres de nos jardins, les murs crevassés de nos enclos, les fleurs sauvages qui étoilent nos prairies, le changement périodique des saisons, les bandes d'oiseaux de passage, par un soir d'automne, dans un ciel grisâtre, éveillassent dans les replis les plus cachés de notre âme tout un monde de souvenirs et de pensées : chaîne frêle et puissante qui unit aux années enfuies les années qui viennent, et les générations nouvelles aux générations éteintes. Divines émotions du retour au pays natal ! Douce revue des mêmes visages ! Fumée lointaine du toit paternel ! Cris joyeux de l'enfant qui grandit pendant que nous vieillissons ! Mélancolique aspect du cimetière où nous attendent ceux que nous avons aimés! Vous seuls êtes dignes d'occuper le cœur de l'homme ! Chercher ailleurs est folie !

Ainsi par sa famille et son éducation, par son caractère et ses habitudes, Charles de Varni, également privé de ce qui donne à l'existence un but positif, avait dû devenir ce qu'il était : un rêveur, un dilettante, moitié bohémien, moitié grand seigneur, susceptible d'exaltations passagères plutôt que de sentimens profonds ; prenant la vie comme une série d'épisodes et non comme une suite de devoirs; confondant son imagination avec son cœur ; dupe des autres quelquefois, souvent de lui-même, et destiné, quelles que fussent les joies ou les amertumes de sa vie, à n'être jamais ni malheureux tout-à-fait, ni entièrement heureux.

Organisé en artiste, Charles, comme tous les membres de cette bizarre tribu, avait un fond de vanité d'autant plus réel qu'il mettait plus d'esprit à le cacher : aussi, nul peut-être ne ressentait plus vivement que lui la crainte du ridicule. En outre, habitué à prendre les caprices de sa rêverie pour des faces de la réalité, il s'était dit qu'il ne se marierait jamais, à moins de pouvoir faire de son mariage un chapitre de roman. Qu'on juge maintenant si **M**. d'Arrioules avait bien choisi ses armes et bien deviné les points vulnérables ! Qu'on juge ce qu'avait dû être, pour ce jeune homme isolé, pour cet esprit romanesque, l'apparition de cette belle Esther, déguisée en marquise, veuve d'un vieillard morose et se laissant peu à peu entraîner sur les pentes fleuries d'un amour partagé ! Qu'on juge enfin ce qu'allaient être pour Charles de Varni les résultats de cette horrible trame , si **M**. d'Arrioules parvenait à l'accomplissement de ses desseins !

M. de Varni, en apercevant maître Caliste Ermel, se jeta à son cou et l'embrassa à plusieurs reprises, avec une effusion toute filiale : Mon vieil ami ! lui dit-il d'une voix émue ; mon tuteur ! mon second père ! et en prononçant ce dernier mot, des larmes tremblèrent au bord de sa paupière et attendrirent le son de sa voix ; puis il reprit plus gaîment, en montrant au notaire sa petite chambre, blanche et nue :

— Eh bien ! mon ami ! que dites-vous du logement que me donne mon ingrate patrie ?

— Croyez-bien, Monsieur le vicomte , que je suis désolé... répondit le notaire un peu embarrassé : mais comment donc cette méprise a-t-elle eu lieu?...

— Oh ! je vais vous le dire ; peut-être en avez-vous ouï parler ; mais j'ai besoin de le raconter, pour y croire ; d'ailleurs je suis comme M. de Pourceaugñac : *piglia lò sù, signor monsù* !... Apprenez donc qu'hier, en sortant du bateau à vapeur, je me trouve nez à nez avec un homme d'assez bonne mine qui me propose de me conduire où bon me semblera : « M. Calixte Ermel ? » demandai-je. — « Le notaire ? » s'écrie mon homme sans me laisser achever ma phrase ; « je vais vous mener chez lui ; » là dessus, il s'empare de moi, de mon petit bagage, et nous nous mettons en marche. A peine avons-nous fait cent pas, savez-vous ce qu'il me propose ? de me faire voir les monumens de la ville... Je lui réponds que je suis pressé, que mon respect pour les notaires ne va pas jusqu'à les regarder comme des monumens, que c'est chez M. Ermel que je veux aller et non pas ailleurs ; mon guide ne souffle mot et nous marchons ; il me conduit devant une grande maison, ornée d'un factionnaire et d'une guérite ; moi, distrait comme Gringoire, je ne remarque pas ce détail, et nous voilà dans une espèce de salle fort laide ; mon cicérone chuchotte quelques mots à l'oreille d'un gros monsieur qui se trouvait là, dépose mes paquets et s'éclipse. Le gros monsieur... oh ! une tête magnifique ! la tête de Sainville dans *Deux papas très bien* !... le monsieur, dis-je, me débite une phrase assez longue sur les perturbateurs du repos pu-

blic, sur l'Espagne, la France, l'impuissance des fac-
tions..... bref, un premier-Paris ministériel qu'il devait avoir lu le matin. Je le regarde avec sang-froid,
attendant patiemment que la mystification finisse.....
hélas! c'est ici qu'éclate le guet-apens ! l'orateur termine sa période en me demandant mon passeport.....
rien de plus juste : je cherche dans ma poche, plus de
portefeuille ! l'homme du bateau n'était qu'un adroit
filou, et moi, j'étais *floué* comme un sot! oui, mon
ami, un joli portefeuille, qui renfermait, outre mon
passeport, deux billets de banque et un portrait !... ah!
voilà ce que je regrette le plus ; le portrait d'une femme adorable et adorée, la divine marquise Ottavia !...

— Petite perte, murmura le notaire entre ses dents.

— Vous comprenez qu'une fois mon passeport passé
à l'état de dividende antichipé, ma déroute a été complète ; le gros monsieur... comment s'appelle-t-il, mon
ami?

— M. Denis Beaucanteuil, répondit machinale-
ment M. Ermel.

— Très bien. M. Denis Beaucanteuil a pris un air
paterne, et, après une seconde homélie, digne sœur
de la première, il m'a annoncé très poliment que, vu
la gravité des circonstances, et ne pouvant s'assurer
de la vérité, il se voyait forcé de s'assurer de ma per-

sonne... pitoyable jeu de mots!... Est-ce que vos fonctionnaires publics n'en font pas, en général, de meilleurs?

— Rarement, répliqua le notaire qui avait écouté tout ce récit d'un air consterné.

— Je crie; je m'emporte; je me nomme; je vous nomme; j'affirme très haut que M. Ermel ne laissera pas les choses se passer de cette façon. — M. Ermel! me répond mon persécuteur, il a mon estime; mais il n'est que trop suspect en pareilles matières...

— Hélas! il a dit vrai.

— En un mot, je me trouve, en dix minutes, livré, accusé, jugé, condamné et exécuté; par exemple, il faut rendre cette justice à M. Beaucanteuil; une fois bien décidé à me jeter au Spielberg, il n'est sorte de politesses qu'il ne m'ait faites : impossible d'incarcérer un homme avec plus de grâce! ensuite, je dois l'avouer, la chose ne manquait pas de pittoresque; l'imprévu de la situation, les torches allumées pour me faire voir mon chemin, votre palais des Papes m'apparaissant comme un sombre géant, et m'absorbant dans une de ses bouches de fer et de pierre; la lune qui se levait en ce moment; mon installation nocturne : puis cette petite fenêtre d'où ma vue domine ce beau paysage... tout cela a de la couleur, du caractère, deux choses bien rares aujourd'hui !

> Mais puisque je retrouve un ami si fidèle,
> Ma fortune va prendre une face nouvelle;

En simple prose, que signifie cette rigueur insolite ? et quand sortirai-je d'ici?

— Mon Dieu ! Monsieur le vicomte, je ne sais que vous répondre ; il paraît que nos autorités ont reçu des ordres très précis au sujet des voyageurs plus ou moins suspects, parce que la nouvelle crise espagnole, l'évasion de M. le comte de Montemolin...

— Comment ! dit M. de Varni, on m'a pris pour un Espagnol! voyez le guignon ! en Catalogne, il y a dix ans, j'ai failli être fusillé, comme Français !

— Malheureusement, poursuivit M. Ermel, vous ne connaissez ici que moi ; et, bien que je vous sois dévoué corps et âme, je ne puis, en cette occasion, vous être d'aucun secours ; je ne suis qu'un pauvre *carliste*, comme ils m'appellent ; et plus je paraîtrais attacher de prix à vous faire mettre en liberté, plus ils croiraient nécessaire de vous retenir sous les verroux!

— C'est donc sérieux ! eh bien! alors, c'est plus drôle ! s'écria M. de Varni. Savez-vous, mon cher Er-

mel, que Denis de Syracuse était un agneau en comparaison de votre Denis de Beaucanteuil? Etranges
vicissitudes des choses humaines! avoir impunément
couru le monde entier, avoir exploré l'Italie sans être
arrêté, l'Afrique sans être rôti, la Russie sans être
gelé, la Turquie sans être empalé, la Grèce sans être
volé, l'Inde sans être mangé; le tout, pour venir
échouer dans ma ville natale, entre un commissionnaire et un adjoint, devant un buste de Louis-Philippe
et un exemplaire de la charte!... Mais laissons-là les
tirades philosophiques; il faut bien, mon ami, que je
vous dise pourquoi j'ai manqué à la promesse que je
vous avais faite de ne pas revenir dans ce pays-ci avant
d'avoir été rappelé par vous. J'étais si pressé de vous
voir! je venais vous parler... vous demander... vous
annoncer...

— Oh! Monsieur le vicomte! interrompit le notaire;
je vous conjure de ne me rien dire de ce qui vous ame-
nait ici, tant que vous êtes en prison : ce serait de
mauvais augure, et ne nous servirait à rien. Quand
nos prudens administrateurs auront reconnu leur méprise, et que je pourrai enfin avoir l'honneur de vous
recevoir chez moi, alors je serai prêt à vous entendre,
et tout à votre service.

— Mais quand arrivera cet heureux moment? car

je déclare que la plaisanterie, qui est bonne, se gâtera si elle se prolonge !...

— Vous avez probablement laissé quelqu'un de connaissance dans le pays d'où vous venez?

— Sans doute! à Interlaken !... mon excellent ami d'Arrioules, et sa sœur, l'adorable femme que...

— Fort bien, interrompit encore M. Ermel ; écrivez donc à cet ami, dont la réponse prouvera votre identité...

— Il faudra donc attendre cette réponse! que de jours perdus ! reprit M. de Varni en soupirant : quel ennui, surtout pour un homme amoureux! et comment occuper les longues heures que je vais avoir à passer ici?

— Monsieur le vicomte, si vous me le permettez, je viendrai vous voir souvent...,

—Oh ! j'y compte bien, répondit Charles en prenant les mains de M. Ermel avec une émotion affectueuse ; mais vous avez vos affaires et je ne veux pas que vous les négligiez pour moi. D'ailleurs, mon ami, avouer qu'on s'ennuie tout seul, c'est avouer qu'on est ennuyeux pour soi, et c'est d'un mauvais exemple ! je ferai donc de mon mieux... Quelle belle vue l'on a d'ici! poursuivit-il après un moment de silence, et quel dom-

mage de ne pouvoir l'apprécier que derrière les bar-
reaux d'une fenêtre de prison !...

Rien n'est plus beau, en effet, que le paysage qu'on
découvre de cette petite fenêtre ogivale où se tenait
en ce moment Charles de Varni : l'œil, en dépassant
la pittoresque enceinte de la ville échelonnée au dessous du rocher *des Doms*, apercevait, au levant, la colossale silhouette du Ventoux, aux flancs duquel se
dessinaient les charmantes montagnes de Vaqueyras,
offrant, par leurs vives arêtes et leurs bizarres dente-
lures, l'image d'une mâchoire de requin, auprès du
squelette gigantesque d'une baleine échouée. Au dessous, les rives et les îles du Rhône, avec leur végétation luxuriante, déjà nuancée des mille teintes de l'automne, formaient un large feston entre la base des
collines et les eaux rapides du fleuve. Plus près, la
tour et le fort de Villeneuve, les belles ruines du pont
Saint-Bénézet se détachaient sur les masses confuses
des maisons, des rochers et des bouquets d'arbres ; les
deux bras du Rhône, s'ouvrant comme pour une immense étreinte, s'arrondissaient autour de la Barthelasse, la plus fertile et la plus riche de ses îles, qua-
drillée de haies et de mûriers, et penchant au bord des
eaux, ainsi qu'une corbeille trop pleine, les têtes fré-
missantes de ses peupliers. Au couchant, les monta-

gnes du Languedoc et de la Provence , contrastaient, par leurs tons chauds, avec la fraîcheur des premiers plans ; et les lointains, baignés dans cette brume lumineuse particulière aux belles journées du Midi, semblaient prolonger l'horizon plutôt qu'ils ne le bornaient. Tout cela était animé, splendide, transparent, riche de couleur, éblouissant de soleil.

— Oui, cette vue est bien belle ! répéta M. de Varni avec un sourire mélancolique ; mais il faudrait en jouir comme l'hirondelle en liberté, et non comme l'oiseau en cage : la loge gâte le spectacle... Puis il reprit : Voyons, mon ami, ne nous laissons pas abattre , et cherchons ensemble les meilleures manières de passer ces jours d'attente : avez-vous des cigares *possibles* ?

— Je n'en sais rien, répondit M. Ermel qui en était encore à la tabatière.

— Je vous prie de m'en procurer quelques uns ; je voudrais ensuite avoir un piano.., ceci ne m'inquiète pas, il y en a partout ; puis, deux ou trois partitions : la *Sémiramide, Guillaume Tell, Don Juan*... ensuite, quelques livres ; y a-t-il, à Avignon, des cabinets littéraires ?

— Certainement ; vous savez, Monsieur le vicomte, que les cabinets littéraires ont remplacé les bibliothèques.

— Eh bien ! veuillez demander pour moi quelques bons romans... *Madeleine*, de Jules Sandeau ; la *Guerre du Nizam*, de Méry ; *Carmen*, de Mérimée ; le *Chemin de traverse*, de Jules Janin ; *Joseph Balsamo*, de Dumas ; *Geneviève*, d'Alphonse Karr ; la *Mare au Diable*, de Georges Sand.

— Dans une heure, Monsieur le vicomte, toutes vos commissions seront faites.

— Merci mille fois, mon ami ! moi, pendant ce temps, je vais écrire à Simon d'Arrioules, afin qu'il ait à prouver que j'existe et que je m'appelle par mon.., si toutefois je puis y parvenir ; car on n'est sûr de rien dans ce diablé de pays !

Maître Calixte Ermel sortit, et s'acquitta, en conscience, des commissions de M. de Varni, hormis de celle du cabinet littéraire ; il avait son plan.

Il revint quelques heures après :

— Voici, dit-il à Charles, des cigares exéllens, c'est à dire de contrebande ; ce soir, vous aurez un piano et les partitions demandées ; quant aux livres, impossible d'en avoir un seul de ceux que vous désirez.

— On ne les avait pas ?

— On les a tous ; mais les bons romans sont toujours en lecture,

— Et que vous a-t-on offert ?

— Oh ! des pauvretés ! la *Fille du Brigand*, les *Or-
phelins de la Forêt*, les *Chevaliers de l'Aigle Noir*,
le *Sauvage de la Montagne*...

— Connais pas, répondit Charles de l'air d'une duchesse à qui l'on parle d'une femme de finance ; ainsi
donc, je n'aurai rien à lire !...

C'est le moment que le notaire attendait.

—Vous allez me trouver bien hardi, reprit-il comme
frappé d'une idée subite ; mais si vous le vouliez, si je
ne craignais d'abuser de votre patience, peut-être
pourrais-je suppléer...

— Comment cela ?

— Oui ; faute de mieux, je crois bien que je pour-
rais trouver, dans mes vieux papiers, quelques épisodes qui, un peu arrangés et surtout écoutés avec bien-
veillance...

— Vous, mon ami !...

— Cela vous étonne, Monsieur le vicomte ! un pauvre garde-notes, voué à la littérature du papier timbré,
vous proposer d'être, pendant quelques jours, votre
romancier ordinaire ! et cependant, si vous voulez bien
y réfléchir, qui, mieux que le notaire, est en mesure

de recueillir ces documens cachés, nécessaires à l'observateur, et d'après lesquels il bâtit ces histoires vraies comme le roman, ou ces romans invraisemblables comme l'histoire? Le notaire ! c'est le valet de chambre du cœur humain ; il le voit en déshabillé, se dépouillant pièce à pièce de ses vêtemens façonnés par l'orgueil, et étalant au dessous la lèpre hideuse ou la plaie vive! Aujourd'hui que la religion n'occupe plus, hélas ! que la seconde place, aujourd'hui que le chiffre tue l'idée, le notaire a succédé au prêtre : il est le confesseur du coffre-fort, cette conscience moderne. Point de feinte pour lui, point d'illusion, point de mensonge! Il sait ce que les pâles sourires de cette jeune épouse cachent de déceptions et de larmes, ce que déguisent d'impatience et de joie les pleurs hypocrites de cet héritier! Tous les ressorts qui font mouvoir le monde viennent aboutir dans nos études; nous seuls connaissons le premier acte de bien des tragédies dont vous ne voyez que le dénoûment; nous seuls pourrions expliquer bien des énigmes dont vous cherchez vainement le mot; nous possédons deux clés mystérieuses qui nous ouvrent l'avenir et le passé : les contrats et les testamens ! dans nos mornes cartons qui semblent ne renfermer que vieilleries et poussière, l'œil épouvanté trouverait de quoi brouiller des amis, diviser des

familles, séparer des époux, ruiner des riches, déshonorer des honnêtes gens ! Croyez-vous que l'homme
qui tient tous ces fils, qui garde tous ces secrets, qui
assiste à tous ces drames, qui veille sur tous ces dépôts,
qui se penche sur tous ces abîmes ; l'homme qui connaît le revers de toutes ces médailles à face humaine,
et qui parfois pourrait, avec une syllabe, s'il la disait,
avec une signature, s'il la montrait, bouleverser toute
une province ; croyez-vous que cet homme soit incapable de retrouver dans la nuit des années éteintes,
quelques récits dignes d'être écoutés?... Ah ! Monsieur le vicomte ! un notaire qui aurait le talent d'é-
crire, pourrait être le romancier le plus émouvant, le
moraliste le plus profond, l'historien le plus vrai de
notre temps ; car nul mieux que lui n'apprendrait à
mépriser les hommes, et à redire : Dieu seul est
grand !

Le notaire, en prononçant ces paroles, s'était animé
peu à peu ; sa taille s'était redressée ; son visage avait
pris une expression toute nouvelle.

— Vraiment ! s'écria Charles stupéfait ; moi qui me
vante d'aimer l'imprévu, je suis servi de mon goût depuis quelques heures ! commissionnaires, adjoints,
prisons, ennemis, tout s'en mêle ! il ne manquait
plus...

— Que de trouver un notaire dont les Mémoires sont des romans, interrompit M. Ermel en souriant. Eh bien ! Monsieur le vicomte, consentez-vous à écouter les Mémoires du notaire ? il se recommande à votre indulgence.

— Si j'y consens !... c'est à dire que j'en meurs d'envie ! et je vous prie de ne pas me faire trop attendre !

— A demain donc ! dit M. Ermel en s'inclinant comme pour sortir.

— Je vous demande encore un service, reprit M. de Varni. Voici la lettre que j'ai écrite à Simon d'Arrioules ; en voici une autre pour sa charmante sœur... pour ma chère Ottavia !... Soyez assez bon pour jeter ces deux lettres à la poste !

— J'y cours, répliqua M. Ermel en prenant son chapeau, et je vous promets de les y jeter moi-même... la semaine prochaine, ajouta-t-il tout bas en fermant la porte.

Le notaire employa toute sa soirée à mettre en ordre des papiers de diverses dates, auxquels il entremêla des lettres, des fragmens, des feuilles détachées qui paraissaient contenir des souvenirs personnels, ou des souvenirs de famille. Il travailla toute la nuit à lier

entr'elles toutes ces pièces éparses et à en former une
espèce d'ensemble. Le lendemain, dans la matinée, il
se rendit auprès de M. de Varni, et voici ce qu'il lui
lut.

LE REVENANT.

I.

Le 13 novembre 1755, un jeune homme d'une noble et belle figure, portant sous son manteau le petit uniforme d'officier de marine et la croix de Saint-Louis, suivait, à cheval, la grande route de Nismes à Avignon. A voir l'air de souffrance répandu sur toute sa personne, son teint hâlé, la lassitude de son cheval, il était facile de comprendre qu'il revenait d'un long voyage où il avait probablement affronté bien des fatigues et des périls : à voir l'éclat de son regard, l'animation de ses traits, je ne sais quels tressaille-mens subits qui l'agitaient de temps à autre comme des frissons de fièvre, on pouvait deviner qu'il appro-chait du terme de ce voyage, et qu'il y était attendu par une grande joie ou une grande douleur.

Au moment où il arriva sur le plateau qui domine la charmante ville de Villeneuve et d'où l'on décou-vre Avignon dans toute la magnificence de ses monu-mens et de son paysage, il s'arrêta comme subjugué par une émotion invincible. A quelques pas de la route, s'élève, en ce lieu solitaire, une élégante et poétique ruine qu'on appelle la *Belle Croix*. Cette croix n'existe plus ; mais le piédestal, formé de quel-ques marches à demi brisées, existe encore, sur-monté par un arceau gothique de l'aspect le plus pit-toresque, et dont l'ogive se détache admirablement sur l'azur de notre beau ciel.

Le voyageur descendit de cheval, et s'asseyant sur les marches de la *Belle Croix*, il plongea un avide re-gard sur l'horizon sublime qui se déroulait devant lui.

La soirée avançait ; l'ombre gagnait déjà la plaine ; les rayons du soleil couchant, chassés peu à peu des bas-fonds et des vallées, s'accrochaient encore aux âmes, à peu près comme la vie, en se retirant du corps, jette encore une dernière lueur au front d'un mourant ; c'est l'heure où notre rocher et notre palais des Papes, illuminés par ce rayon du soir et dessinant leur colossale silhouette sur le fond brumeux du Mont-Ventoux, offrent, de la façon la plus complète, leur caractère de grandiose et mélancolique beauté. Mais pour le jeune homme que je viens de mettre en scène, on eût dit que tout s'absorbait en ce moment dans une pensée plus personnelle et plus vive ; car ses yeux cherchèrent, au milieu de cet amas de clochers, de toits et de tourelles, un point qu'ils semblèrent interroger avec une anxiété mystérieuse, et, d'une voix frémissante, il lança à travers l'espace ce nom qui parut sortir du plus profond de son cœur :

— Maria !

Quel que fût le sens contenu dans ce nom, quel que fût l'amour renfermé dans ce cri, l'inconnu attendit encore une demi-heure, et la nuit était tout-à-fait venue quand il se remit en marche : il descendit alors la colline, dont les pentes pittoresques s'étagent en amphithéâtre sous leurs pâles massifs d'oliviers, laissa son cheval dans une auberge de Villeneuve, et, longeant à pied le bord du Rhône, il chercha quelque temps le bac *à traille*, incommode précurseur de ce fameux pont de bois à qui devait échoir la seule immortalité réelle en France, celle d'une chanson.

Arrivé sous les remparts d'Avignon, il regarda à droite et à gauche, comme pour s'orienter; puis, à cette sombre clarté qui tombe des étoiles et que secondaient fort mal ces invraisemblables reverbères à l'huile, auxquels refusera bientôt de croire notre génération éclairée, il s'achemina vers un cabaret, situé à quelques pas du vieux pont Saint-Bénézet. Ce cabaret, fort en vogue auprès des bateliers du Rhône et même des jeunes gens de la ville, était signalé à l'attention des passans par une jolie statue de la sainte Vierge, dans le style byzantin, et par une enseigne sur laquelle on pouvait lire, à travers les caprices d'une orthographe un peu paradoxale : *Au poisson frais du Rhône , Thibaut sert à boire et à manger.*

Une fois là, le jeune homme n'hésita plus ; il marcha droit à la porte du cabaret et frappa ; une jeune fille d'une éblouissante beauté vint lui ouvrir ; mais à peine eut-elle jeté les yeux sur lui, qu'elle poussa un cri de surprise et d'épouvante, comme si un spectre se fût tout-à-coup dressé devant elle : d'un geste, il lui imposa silence : alors la belle jeune fille, après l'avoir regardé de nouveau , sans doute pour mieux s'assurer de son identité, s'esquiva sans mot dire, et disparut comme un oiseau, comme un sylphe, comme un feu follet ou plutôt comme une femme qui a un secret à apprendre ou à raconter.

Il ne resta plus dans le cabaret que notre voyageur et l'hôte, maître Sébastien Thibaut, qui arriva tout essoufflé du fond de l'arrière-salle, montrant au nouveau-venu ses joues enluminées, son ventre proéminent et sa physionomie bavarde, attributs classiques de l'emploi.

L'étranger ne lui laissa pas le temps d'offrir ses services :

— Etes-vous, lui dit-il, le maître de cette maison ?

— Oui, Monsieur, pour vous servir , répliqua l'hôte d'un air empressé.

— C'est bien ; je vous la prends pour ce soir... pour moi seul et ceux que je voudrai y recevoir, entendez-vous bien ?

— Mais, Monsieur, voici huit heures qui sonnent ; mes pratiques vont arriver, et je ne sais comment faire...

— A combien s'élève chaque soir le total de leur dépense et de votre recette ?

Thibaut réfléchit un moment, comme s'il s'agissait de combiner des chiffres gigantesques ; puis il répondit :

— Environ à une trentaine de livres.

— En voici cent, fermez votre porte, et ne recevez personne.

Le tavérnier s'inclina en signe d'obéissance.

— Maintenant, écoutez-moi, reprit l'étranger : vous connaissez sans doute un jeune homme de cette ville, nommé Dominique Ermel ?

— Premier clerc chez maître Margerin, le notaire ?

— Justement.

— Un bien bon jeune homme, Monsieur ! honnête, rangé, joli garçon, et amoureux comme un fou de mademoiselle Antoinette Margerin, la fille unique de son patron qui ne veut pas la lui donner, parce que M. Dominique est trop pauvre ! La belle raison, vraiment ! poursuivit Thibaut en haussant les épaules... Comme si M. Dominique et mademoiselle Antoinette n'étaient pas faits l'un pour l'autre, sous tous les rapports ! il faut convenir que les parens sont quelquefois d'une dureté, d'un orgueil, d'une avarice, d'une...

— Tout ceci ne nous regarde pas, interrompit l'étranger impatienté de ce flux de paroles : j'ai une autre question à vous faire : connaissez-vous aussi Claude Rioux, le pêcheur ?

Ici le cabaretier fit une horrible grimace.

— Si je connais Claude Rioux ! Hélas ! que trop, mon bon Monsieur, que trop !... Je n'ai pas de mal à en dire ; c'est un vigoureux gaillard, qui n'a pas son pareil à la pêche, et qui est le roi de nos joûtes et de nos luttes.

— Eh bien ! alors !

— Mais croiriez-vous, Monsieur, reprit Thibaut en baissant la voix, qu'il a l'audace de faire la cour à ma fille !... Lui, Claude Rioux, un pauvre diable qui n'est rien et n'a rien, aspirer à la main de mademoiselle Julie Thibaut, la plus jolie fille d'Avignon, et destinée à avoir un jour jusqu'à douze cents écus de dot ! Ah ! Monsieur, dans quel temps vivons-nous ! Les enfans n'obéissent plus à leurs parens. Lorsque j'eus le malheur de perdre ma femme, je crus que j'allais avoir quelques années de repos !.... je comptais sans ma fille ! depuis qu'elle est devenue grande comme vous et moi, et belle comme notre sainte Vierge, je suis dans des transes perpétuelles ! les amoureux à écarter, les galans à éconduire, et, par dessus le marché, Claude Rioux que Julie a le mauvais goût de préférer... Ah ! quel

métier! aussi j'en pâlis, j'en maigris, j'en dépéris...
Mais pardon, Monsieur, qu'y a-t-il pour votre service?
ajouta Thibaut qu'avait emporté son naturel expansif,
et qui revenait à son rôle d'aubergiste.

— Vous allez vous rendre à l'instant chez M. Dominique Ermel, le clerc de notaire, et vous lui direz
qu'on l'attend ici : s'il vous demande de quel part?
vous répondrez par ces deux noms : Maria, le Lys; il
comprendra et il viendra.

— J'y cours, dit Thibaut, croyant ne pouvoir obéir
assez vite à un homme qui payait aussi bien.

— Un moment : vous irez ensuite chez Claude
Rioux, le pêcheur; vous lui direz qu'on l'attend ici;
s'il vous demande de quelle part? vous répondrez par
ces deux noms : Maria, le Lys; il comprendra et
il viendra.

— J'y vais, reprit l'hôte, quoique cette seconde
commission parût lui plaire beaucoup moins que la
première.

— Allez.

— Mais où diable a passé Julie? s'écria Thibaut s'a-
percevant alors de la disparition de sa fille : oh! décidément cette fille-là me rendra fou !.. elle glisse
entre les doigts comme une anguille... — et tout en

débitant ses doléances paternelles, il prenait son feutre et son manteau, et s'apprêtait à sortir.

— Soyez tranquille et fermez bien la porte, lui dit l'inconnu ; je garderai la maison.

L'hôte sortit ; le voyageur, resté seul, écouta un moment le bruit des pas qui s'éloignaient ; puis, s'accoudant sur un coin de la table, il demeura plongé dans une ardente rêverie.

Au bout d'une demi-heure, la porte se rouvrit, et deux jeunes gens, à peu près du même âge, se précipitèrent dans le cabaret, en s'écriant avec un accent de joie auquel se mêlait une sorte d'étonnement et de troub'e :

— Monsieur Gaston de Tervaz !

L'étranger qu'ils venaient de nommer ainsi, leur tendit la main, et répliqua, non moins ému qu'eux : Dominique ! Claude !...

Le premier de ces deux jeunes gens portait l'humble costume traditionnel, que vous retrouvez, au Théâtre-Français, à tous les derniers actes de comédie : tricorne à forme basse, rabat, justaucorps de serge noire, culotte de même étoffe, bas et souliers assortis ; mais sa taille svelte et élégante, sa physionomie sentimentale et expressive n'en attiraient pas moins l'attention ; il se nommait Dominique Ermel.

L'autre (c'était Claude Rioux), formait avec son compagnon un contraste frappant : grand, vigoureux, découplé, l'œil rempli de feu et d'énergie ; des cheveux noirs s'échappant en désordre de dessous son bonnet de laine brune ; des épaules athlétiques se dessinant sous un caban de cadis, espèce de ratine grossière fabriquée dans le pays ; tel était ce jeune homme que maître Thibaut pouvait redouter comme un mauvais parti, mais qu'une jeune fille ou un sergent recruteur n'eussent pu s'empêcher d'admirer comme un type de force et d'audace.

Ils serraient encore la main que Gaston de Tervaz leur avait tendue, quand celui-ci, arrêtant les questions qui semblaient se presser sur leurs lèvres, leur dit d'une voix que l'émotion rendait presque méconnaissable.

— Avant tout, mes amis, un mot, un seul mot : mademoiselle Maria de Perne ?...

En entendant ce nom, cette interrogation passionnée, Claude et Dominique baissèrent tristement la tête ; Gaston devint horriblement pâle, et s'écria :

— Elle est morte ?

—Non , répondirent ensemble Claude et Dominique.

— Alors elle est mariée?

Cette fois ils gardèrent le silence ; mais ce silence
même répondit pour eux.

Gaston se laissa retomber sur sa chaise, comme un
homme foudroyé : Il appuya une main sur son cœur,
l'autre sur ses yeux ; mais bientôt, malgré ses efforts
pour se contenir, de violens sanglots brisèrent sa poitrine ; de grosses larmes, glissant à travers ses doigts
crispés, tombèrent le long de ses joues.

C'était là un de ces instans où toute consolation
est impossible ; ses deux amis le comprirent, et le laissèrent donner un libre cours à son désespoir : à la fin,
Ermel s'approchant de lui et essayant de presser sa
main :

— Du courage, lui dit-il avec un accent mélancolique et doux: mademoiselle de Perne vous croyait
mort, et...

— Et il y a eu dans tout cela quelqu'affreuse
manigance, ajouta Claude Rioux d'un air sombre.

— Mariée ! mariée ! répétait Gaston dont chaque
mot était entrecoupé par ses pleurs... Moi qui reve-
nais avec tant d'amour et d'espoir. Moi qui croyais en

elle comme en Dieu! Ah! elle s'est donc lassée de m'attendre! Et cependant, s'il y avait au monde une femme qui parût devoir garder la foi jurée, c'était elle! Tant de fermeté, de résolution et de courage! aurais-je eu un pied dans le tombeau, je me disais qu'elle ne faiblirait pas : aurais-je été cloué dans le cercueil, il me semblait qu'elle me resterait fidèle... Illusions que tout cela! mensonges! folies! tout est brisé, perdu, anéanti pour jamais!

Puis, passant de l'abattement à une sorte de curiosité fébrile :

— Et qui a-t-elle épousé? demanda-t-il.

— Le vicomte de Varni.

— Le vicomte de Varni! l'homme qu'elle détestait le plus! l'ennemi personnel de son père!

— Oui, le vicomte de Varni; le cousin du vice-légat, l'homme dont la haine est mortelle.

— Ah! elle est donc perdue deux fois! reprit M. de Tervaz retombant dans son premier désespoir.

Et cependant, comme le cœur humain est ainsi fait que la douleur même ne peut y entrer sans y laisser pénétrer une lueur, Gaston fut aussitôt frappé de l'idée que, pour décider Maria de Perne à épouser M. de Varni, il fallait qu'il se fût passé quelque chose d'extraordinaire : à coup sûr, se dit-il, elle a pu donner sa main, mais non pas son cœur.

Cette idée le ranima ; et, se tournant de nouveau vers Claude et Dominique qui n'osaient rompre ce douloureux silence : Voyons, mes amis, leur dit-il avec un peu plus de calme; racontez-moi tout, je vous promets d'avoir du courage.

— Mais, vous-même, monsieur Gaston, répliqua Dominique Ermel qui comprit qu'il fallait le distraire de ces premiers déchiremens de cœur, dites-nous donc comment vous êtes ici, vous que nous avons pleuré, vous que nous avons cru victime, avec tout l'équipage du *Lys*, de la perfide attaque des Anglais ?

Et le jeune clerc de notaire tendit à Gaston un numéro du *Courrier d'Avignon*, à la date du mois de décembre 1753, dans lequel on lisait que deux vaisseaux de sa majesté Louis XV, le *Lys* et l'*Alcide*, surpris par les Anglais dans la mer des Indes, contrairement au droit des gens et à la foi des traités, avaient été, après une longue et héroïque résistance, vaincus et coulés à fond par des forces trois fois supérieures. Ce qu'il y a de curieux pour les amateurs de rapprochemens, c'est que le bon journaliste, en annonçant

cette nouvelle, se répandait en invectives contre ce nouveau trait de perfidie de l'incorrigible Albion, et en témoignages d'enthousiasme pour la longanimité du gouvernement français : « Si bien, ajoute-t-il,
» que l'on ne sait ce qu'on doit admirer le plus, de
» l'obstination de ce peuple à défier notre colère par
» des marques toujours nouvelles de mauvaise foi,
» d'envahissement et d'hostilité, ou de la magnanimité
» de notre souverain, qui, s'élevant au dessus de ces
» injures, ne leur permet pas de le faire sortir de
» son majestueux repos. » C'est ainsi que s'en tiraient les journaux d'alors ; chacun fait ce qu'il peut.

— Eh ! qu'importe ce que j'ai souffert ! reprit Gaston de Tervaz après avoir lu : j'espérais alors ! j'aimais, j'étais aimé ! Cet infini de l'Océan et du ciel que j'avais sous mes pieds et sur ma tête, je le retrouvais dans mon cœur.... Et lorsque mon pauvre vaisseau sombrait, abîmé sous les boulets ennemis, lorsque blessé au bras et à la poitrine, je devenais moi-même prisonnier, je répétais tout bas ce doux nom de Maria... et le captif redevenait libre !... et le vaincu se retrouvait heureux !

—Mais enfin, ce combat ? cette captivité ? ces bruits de mort ?

— Il est très vrai que le *Lys* n'existe plus., que presque tout l'équipage a péri, que mon pauvre capitaine a été tué sous mes yeux, dit Gaston qui se reprenait peu à peu à ses souvenirs un moment brisés par la douleur ; le combat a été acharné ; nos deux vaisseaux ont lutté pendant huit heures contre cinq vaisseaux anglais ; deux fois nous avons essayé l'abordage, et deux fois le vent contraire a déjoué nos efforts. Notre pont était jonché de morts ; les deux lieutenans tués ; le capitaine, placé devant le pavillon, jurait qu'il s'y ferait clouer plutôt que de se rendre : en ce moment, je l'ai vu disparaître ; j'ai entendu un grand cri ; mais le pavillon blanc y était encore : Vive le Roi ! me suis-je écrié, et à toi, Maria, toujours !... puis je suis tombé à mon tour sur le pont ; mon sang coulait à flot de mes deux blessures.... je ne les avais pas senties...

Malgré lui, en retraçant cette scène, M. de Tervaz retrouvait un peu de force et d'ardeur ; ses joues étaient moins pâles ; un éclair brillait dans ses yeux encore mouillés de larmes.

— Quand je revins à moi, poursuivit-il, j'étais couché dans la cabine d'un des capitaines anglais ; les soins les plus attentifs m'étaient prodigués, et ces soins ne se démentirent pas un moment... Etrange peuple ! considérés en masse, c'est une nation égoïste une politique odieuse : individuellement, ce sont des cœurs nobles, hospitaliers, esclaves du devoir... **Le capitaine Hower m'a soigné comme son enfant**, et pendant tout le temps que nous avons passé ensemble, j'ai trouvé en lui, sous des formes austères et froides, l'affection et le dévoûment d'un père ; à la fin, il y a six mois, nous étions en vue de Saint-Domingue ; Gaston, me dit-il, vous êtes libre ; les bruits de guerre qui avaient couru entre l'Angleterre et la France, sont momentanément dissipés. Je reçois un ordre de l'amirauté qui m'enjoint de vous laisser à Saint-Domingue où vous serez recueilli par une frégate française. Et, en même temps, voici ce qu'on m'envoie pour vous ; et il me remit cette croix de Saint-Louis avec un brevet de lieutenant ; sans me prévenir, il avait fait agir pour moi auprès du cabinet de Versailles, et je recevais tout à la fois ma liberté et ma récompense... Ah ! je n'eus qu'une pensée ; c'est que mademoiselle Maria de Perne, qu'on aurait refusée au pauvre Gaston, humble enseigne et orphelin sans fortune, on l'accorderait peut-être au lieutenant de Tervaz, décoré, à vingt-trois ans, des ordres du roi... Ce moment-là fut trop beau ! je me sentis trop heureux, trop fier ! Cette croix, ce grade, je les lui rapportais, à elle !... à elle qui ne m'a pas attendu.... Oh! Maria! Maria! les boulets anglais sont moins meurtriers que vous... c'est vous qui me tuez !...

Et M. de Tervaz, un moment distrait de son désespoir par le récit qu'il venait de faire, parut s'y replonger avec une nouvelle amertume.

— Mais vous, mes amis, dit-il alors, vous qui cherchez à me faire oublier ce que je souffre, à me détourner de ce que je dois apprendre, oh ! je vous en supplie, dites-moi tout ; je veux tout savoir ; et, dussé-je en mourir, j'aurai la force de tout écouter.

— Nous ne pouvons vous dire, répliqua Dominique Ermel, que ce qui est arrivé jusqu'à nous : lorsque mademoiselle de Perne revint, il y a quatre ans, de Montpellier, où elle vous avait vu pour la dernière fois...

— Oui, interrompit Gaston, j'étais allé, comme d'habitude, passer l'automne chez ma bonne vieille tante, la seule parente qui me restât en ce monde...

— Lorsque mademoiselle de Perne revint, elle paraissait pleine de confiance dans l'avenir ; vous connaissez son caractère énergique et altier ! Elle savait que vous étiez pauvre ; qu'avant de la demander à son père, vous aviez à vous créer à vous-même un avenir, une fortune, un nom; d'ailleurs, vous étiez si jeunes tous deux! elle dix-sept ans, vous dix-neuf... on pouvait attendre; telles avaient été les dernières paroles que vous aviez échangées en vous quittant; et on eût dit qu'elles avaient laissé sur son front si pur et si beau, cette triple auréole qui va si bien aux jeunes et aux heureux : Amour! Courage! Espérance!

— Moi aussi, je les avais emportées dans mon âme comme mon seul trésor, reprit Gaston avec une indicible angoisse.

— Les choses allèrent ainsi pendant deux ans. Le marquis de Perne, veuf et se sentant vieillir, pressait quelquefois sa fille d'accepter un des nombreux partis qui s'offraient à elle, afin qu'il pût, avant de mourir, être rassuré sur sa destinée et se voir revivre dans ses petits-enfans. Mais elle refusait toujours, donnant à ses refus quelques uns de ces mille prétextes qui ne manquent jamais aux jeunes filles ; aussi étions-nous bien tranquilles de ce côté-là, lorsqu'au milieu de cette sécurité trompeuse tomba, comme un coup de foudre, la nouvelle de votre mort. Jugez quelles furent nos angoisses; elles redoublèrent lorsqu'il fallut annoncer cette nouvelle à mademoiselle de Perne.

Ce fut, poursuivit Dominique d'une voix moins assurée, ce fut une jeune personne dont vous vous souvenez peut-être, mademoiselle Antoinette Margerin, qui se chargea d'en parler à sa noble amie, d'abord comme d'un bruit sinistre, ensuite comme d'une affreuse réalité : elle reçut ce coup terrible avec une sorte d'intrépidité douloureuse, d'exaltation passionnée, plus effrayante peut-être que de vulgaires transports : — Non, Gaston n'est pas mort, je le sens là, dit-elle en mettant sa main sur son cœur. — Puis elle se reprit et ajouta : Ou, si cette horrible nouvelle est vraie, à dater d'aujourd'hui je suis fiancée à un tombeau et je lui serai fidèle.

— Ah! je la reconnais bien! s'écria Gaston oubliant tout.

— Pendant un mois, elle vécut enfermée, ne recevant personne que mademoiselle Antoinette Margerin et Julie Thibaut, seules confidentes de son secret. Vers cette époque, le vicomte de Varni revint de Rome, où son cousin, le vice-légat, l'avait envoyé en mission, et où il avait passé quelques années. Son grand procès avec le marquis de Perne n'était point terminé ; leurs vieilles haines de famille ne semblaient pas éteintes ; et cependant, nous apprîmes bientôt qu'il y avait eu entre eux un arrangement à

l'amiable ; on attribua cette concession à un sentiment
nouveau qui s'était, disait-on, emparé de M. de
Varni...

—Oh! parlez! parlez toujours! dit Gaston qui vit
que Dominique Ermel hésitait encore ; ne craignez
pas de retourner le poignard dans la plaie... La souffrance qu'elle me cause est le seul sentiment par lequel je tienne encore à la vie.

—M. de Varni vit mademoiselle de Perne à l'é-
glise : avant son départ, elle n'était qu'une enfant,
et il l'avait à peine regardée ; il la retrouvait jeune
fille, et si belle qu'on s'arrêtait dans les rues pour
la voir passer. Elle fit sur lui une profonde impression : ce fut alors qu'il chercha à se rapprocher du
marquis de Perne ; rien n'est difficile avec une immense fortune, un grand nom et un grand crédit.
M. de Varni fut donc reçu dans cette maison ; ses visites devinrent plus fréquentes... et quelques mois
après, nous apprîmes qu'il avait demandé la main de
mademoiselle Maria...

Gaston de Tervaz écoutait tout ce récit avec un
frémissement intérieur, mais il n'interrompait plus.

—Quel moyen avait employé M. de Varni pour
vaincre cette volonté si ferme, cette fierté si inflexible?
Sa demande était-elle repoussée ou accueillie ? Y avait-

il, de la part de mademoiselle de Perne, dévoûment et obéissance filiale? Avait-elle craint pour son père les suites d'un refus qui aurait blessé M. de Varni dans son orgueil? L'avait-il ébloúic à l'aide de ses richesses, de sa haute naissance? Voilà ce que nous nous demandâmes successivement, lorsque la nouvelle de cet étrange mariage se confirma dans le public; long-temps je refusai d'y croire; mais il fallut bien me rendre, lorsque les deux jeunes filles que mademoiselle de Perne admettait auprès d'elle, lorsqu'Antoinette et Julie essayèrent de l'interroger timidement, et qu'elle leur répondit d'un air de résolution désespérée: Cela est parce que cela doit être; je fais ce que je dois faire; ne me questionnez plus... et ne m'accusez pas.

—Et le mariage s'est fait?

—Avant de se décider, mademoiselle de Perne me fit dire qu'elle désirait acquérir sur votre sort plus de certitude, et qu'elle me priait d'aller moi-même à Montpellier, auprès de votre tante qui saurait peut-être quelque chose de plus positif: j'obéis; ce voyage ne servit qu'à m'apprendre un malheur de plus; lorsque j'arrivai, la bonne vieille dame venait de mourir...

—Misérable ingrat que je suis! interrompit Gas-

ton de Tervaz ; je n'avais pas encore songé à elle!...
Ainsi donc, je suis seul, bien seul... celle qui m'aimait est morte ; celle qui vit ne peut plus m'aimer...
Car ce mariage s'est fait? reprit-il en revenant avec
une sorte d'emportement à l'idée qui le torturait.

— Hélas! répondit Dominique, nul ne pourrait
mieux que moi, vous parler des détails de cette cruelle
journée ; en ma qualité de premier clerc de maître
Margerin, notaire des deux familles, je donnai lecture du contrat et assistai à la signature. En général,
je ne connais rien de plus triste, de plus lugubre, de
plus funèbre que la lecture d'un contrat de mariage ;
jugez ce que fut celui-ci pour moi qui connaissais le
secret de mademoiselle de Perne, pour moi, qui aimais aussi... presque sans espoir...

Et Dominique, agité d'une émotion nouvelle, s'arrêta un instant : Poursuivez, lui dit Gaston d'une voix
sourde.

—J'entrai donc avec mes paperasses et mon humble costume dans le beau salon de monsieur le marquis de Perne, tout étincelant d'or, de parures et de
lumières. Une foule d'invités s'y pressait ; monseigneur Passionei, notre vice-légat, était venu pour faire
fête à son cousin, et, à sa suite, tous les grands noms
de la Provence et du Comtat avaient leurs représen-

tans dans cette assemblée brillante. Lorsque la fiancée entra, un murmure d'admiration s'éleva de toutes
parts. Elle était vêtue de blanc, et comme baignée
dans un nuage de dentelles : une couronne de roses
blanches ornait son front : dentelles et couronne
étaient moins pâles que cette figure céleste qui semblait appartenir au monde idéal plutôt qu'au nôtre.
Elle avait voulu avoir auprès d'elle les deux jeunes
filles qu'elle a la bonté d'appeler ses amies d'enfance ;
Antoinette et Julie étaient là, prêtes à la soutenir dans
ce moment décisif, si son courage l'avait trahie. En
entrant, mademoiselle de Perne me jeta un long regard, comme pour me dire que seul dans cette foule,
je pouvais élever mes pensées au niveau des siennes.
Cependant son attitude était ferme et son regard assuré : ses deux compagnes avaient l'air plus abattu
qu'elle-même ; quant à moi, j'avais la fièvre : pour
tous ceux qui se trouvaient là, cette soirée était une
fête ; pour nous quatre, elle était un supplice.

— Et pourtant mademoiselle de Perne a signé ?

— Lorsque j'eus terminé la lecture du contrat, il y
eut un instant de silence : puis mademoiselle de Perne
se leva et s'avança lentement vers la table. Au moment où ma main tremblante lui présenta la plume,
elle se retourna vers la porte du salon, et, je puis

vous le dire, telle était l'expression de son regard, que, par une hallucination étrange, nous crûmes, Antoinette, Julie et moi, que nous allions voir apparaître sur le seuil, ou votre spectre ou vous-même; mais rien ne parut; mademoiselle Maria saisit la plume, et...

Au lieu de poursuivre, Dominique Ermel fouilla dans sa poche et en tira une grande feuille de parchemin, aux armes du vice-légat. C'était ce contrat de mariage. Lorsque Thibaut était venu lui dire qu'on l'attendait au cabaret, lorsque les deux mots mystérieux, *Maria* et le *Lys*, lui avaient fait deviner l'arrivée de M. de Tervaz, il avait eu le temps de prendre ce contrat dans l'étude de maître Margerin son patron, pensant, avec raison peut-être, que, pour convaincre Gaston de son malheur, cette preuve matérielle ferait plus que tous les discours. Il lui mit donc entre les mains cette pièce, hélas! trop palpable : au dessous des signatures des deux mariés et de leurs parens, on y lisait celles de presque tous les gentilshommes du pays, et de plusieurs notables de la bourgeoisie, ou magistrats populaires. Parmi ces noms, dont la plupart sont éteints ou oubliés, il y en avait deux, le premier et le dernier, qui frappent aujourd'hui les regards comme deux brillantes planètes dans un ciel étoilé: l'un, bien illustre déjà ; l'autre, bien obscur à cette époque : le duc de Crillon, et Joseph Vernet...

— Au surplus, monsieur le vicomte, voici ce contrat :

Ici maître Calixte Ermel s'interrompit, et, prenant une feuille de parchemin intercalée parmi ses divers papiers, il la remit à Charles de Varni : quatre-vingt-douze ans avaient passé sur cette feuille : elle était froissée, ridée, jaunie, mais lisible encore ; la signature de Maria de Perne était d'une écriture assez ferme jusqu'aux trois ou quatre dernières lettres ; celles-là étaient presque indéchiffrables : on voyait que la main avait faibli avant la volonté.

Jusque-là Charles de Varni avait écouté maître Calixte Ermel sans l'interrompre, et avec une attention profonde : en entendant le notaire ramener souvent dans son récit les noms d'Ermel et de Varni, il avait paru dominé peu à peu par un sentiment plus vif, plus personnel qu'une curiosité frivole. Docile complice du narrateur, son imagination évoquait déjà les fantômes du passé, et il comprenait, avec un intérêt mêlé de quelqu'inquiétude, que le notaire avait choisi, parmi ses MÉMOIRES, des souvenirs de sa famille.

'En lui rendant le contrat de mariage, il ne put s'empêcher de lui demander si cette histoire ne le regardait pas de plus près qu'un récit ordinaire, si ce vicomte de Varni n'était pas un des aïeux du vicomte Charles, si ce clerc Dominique Ermel n'était pas un des ancêtres de maître Calixte.

— De grâce, répondit celui-ci avec une gravité respectueuse, de grâce, monsieur le vicomte, veuillez ne plus m'interrompre et ne pas m'interroger; car si j'étais forcé de vous répondre, il me faudrait, à l'instant même, fermer le livre de mes Mémoires et abandonner ce récit!...

— Encore de l'imprévu ! reprit Charles en souriant : savez-vous une chose, mon ami ? c'est qu'au lieu de la musique que je vous ai demandée, j'aurais dû me contenter de l'air : *Quel est donc ce mystère ?* (bis), ou de l'air : *Je n'y puis rien comprendre !...* (ter). C'eût été tout-à-fait de circonstance.... Allons, pardonnez-moi ; je me tais, et j'écoute.

— Et moi je reprends cette vieille histoire, dit le notaire.

Monsieur Gaston de Tervaz rendit à Dominique Ermel le contrat de mariage, comme vous venez de

me le rendre, et lui dit avec un nouvel accent de désespoir :

— C'est donc bien fini !... Malgré votre récit, malgré vous, malgré moi-même, je doutais encore !...
Oui, mademoiselle Maria de Perne est mariée ; ou
plutôt il n'y a plus de Maria de Perne ; il n'y a qu'une
vicomtesse de Varni, que je ne connais plus et que
je ne reverrai jamais : voilà la pensée dont je veux vivre, en attendant que j'en meure !

Puis, se reprenant comme frappé d'un souvenir :

— Avant ce mariage, dit-il à Dominique, pas un
indice n'est parvenu jusqu'ici, pour vous apprendre,
à vous et à elle, que je n'étais pas mort ?...

— Pas un.

— Vous n'avez vu personne ?

— Personne ; et ce silence a achevé de nous faire
croire que vous n'existiez plus.

— Ainsi donc, reprit Gaston, Dieu n'a pas laissé
arriver ici l'homme que j'avais envoyé ! Quelque accident l'aura détourné de sa route ! ou peut-être, une
fois éloigné de moi, m'aura-t-il oublié !...

— Vous aviez envoyé quelqu'un ?... s'écria tout-à-
coup Claude Rioux avec une émotion que rendait

plus frappante encore son accent rude et énergique ; vous aviez envoyé quelqu'un ?

— Oui ; un nommé Jean Peyrol, un matelot du *Lys*, recueilli, comme moi, sur le vaisseau anglais, par le capitaine Hower. Cédant à mes prières, le capitaine consentit à le mettre en liberté, et il partit pour la France bien avant moi, à bord d'une corvette que nous rencontrâmes, qui devait mouiller à Toulon. Jean Peyrol m'était dévoué ; je comptais d'ailleurs sur sa reconnaissance : je le chargeai de venir à Avignon, de tâcher de voir mademoiselle de Perne, et de lui remettre une lettre, dans laquelle je lui racontais tout ce qui s'était passé, en ajoutant que j'espérais bientôt être de retour auprès d'elle.

— Et d'après vos calculs, reprit Claude, vers quelle époque ce Jean Peyrol devait-il être ici ?

— Il y a dix-huit mois à peu près, au mois d'avril ou de mai de l'année dernière.

— C'est cela, poursuivit Claude toujours plus agité et comme se parlant à lui-même ; n'était-ce pas un homme d'une quarantaine d'années, maigre, petit, le teint basané, l'air malade, les cheveux ras, une cicatrice près de la tempe ?...

— Justement.

— Eh bien ! monsieur de Tervaz, aussi sûr que je m'appelle Claude Rioux et que j'aime Julie Thibaut, ce Jean Peyrol est venu; et il y a là dessous un crime affreux, un secret terrible...

— Que voulez-vous dire?

—Ecoutez-moi : L'année dernière, à la fin d'avril, j'étais, un soir, ici même, à la place où nous sommes. Julie, que son père renvoie toujours dès que je mets le pied dans son cabaret, était absente. Je vis entrer un homme qui avait l'air d'un marin, mais dont la figure m'était totalement inconnue; il s'assit et demanda à souper; il paraissait exténué de faim et de fatigue. Pendant que Thibaut le servait, j'entendis cet inconnu qui lui demandait comment il pourrait s'y prendre pour parler à une jeune personne nommée mademoiselle de Perne, fille d'un grand seigneur du pays, le marquis de Perne. A ces deux noms, je dressai l'oreille; malheureusement, je n'étais pas seul à entendre. A une autre table mangeait et buvait Baptistin, le garde-chasse favori du vicomte de Varni... un coquin fieffé qui tire sur un homme comme sur un perdreau !... un misérable qui ose faire les doux yeux à Julie !... Mais n'importe; ce n'est pas de cela qu'il s'agit. A peine eut-il entendu la question de l'étranger, Baptistin s'éclipsa et sortit; un quart d'heure

7

après, il rentra, et, comme toutes les autres tables
étaient prises, il s'assit, sans faire semblant de rien,
à la table de l'inconnu qui terminait son souper ; les
voilà causant et trinquant ensemble. Baptistin demanda
du vin vieux de la Nerthe, un vrai brûlot!... Je vis la
conversation s'animer entre eux ; l'inconnu avait d'a-
bord paru interroger et Baptistin répondre ; bientôt
il me sembla que c'était le contraire , que Baptistin
questionnait et que l'autre répondait. Leur souper ne
finissait plus ; les bouteilles se succédaient ; il était
tard. Vous savez que la fin d'avril est le moment de
la pêche aux aloses ; j'avais donc à *caler* mes filets.
Je sortis ; je déliai mon bateau, et je passai de l'autre côté du Rhône. Quoique le temps fût nuageux ,
on y voyait assez clair, parce qu'il y avait pleine
lune J'étais en train de débrouiller mes filets, lorsque j'aperçus, sur la rive que je venais de quitter,
deux hommes qui marchaient côte à côte ; ils firent
ensemble environ deux cents pas. J'entendis ensuite
un bruit de rames, et je revis mes deux individus dans
un petit bateau qu'ils dirigeaient du côté de la Barthelasse ; je me sentis troublé sans savoir pourquoi :
Voilà, me dis-je, Baptistin qui conduit cet homme au
pavillon de Mignard, chez M. le marquis de Perne.—
Car, suivant leur habitude, le marquis et sa fille

étaient allés passer le printemps dans ce pavillon, situé vers le milieu de l'île. Bientôt, les arbres du
bord me cachèrent Baptistin et son compagnon ; mais
quelques minutes après (oh ! j'en frémis encore !) un
cri, un cri terrible, le cri d'un homme qu'on égor-
ge, traversa l'espace et arriva jusqu'à moi ; vous jugez
avec quelle attention j'écoutai... Plus rien ; je n'entendis plus que le bruit du Rhône qui se brisait avec fra-
cas contre le rocher de la Justice. Je restai dans mon
bateau toute la nuit, l'œil et l'oreille au guet, attendant
toujours ; je ne vis personne ; le lendemain, je me glis-
sai à travers les *broutières* (1) ; je cherchai, je furetai
à l'endroit où Baptistin et son compagnon avaient
dû aborder : la terre me parut foulée et piétinée plus
que de coutume ; quelques branches étaient cassées à
hauteur d'homme, comme s'il y avait eu une lutte
corps à corps ; mais je n'aperçus pas d'autres vestiges. Baptistin, sans doute, avait pris ses précautions :
le Rhône était là, et lui avait servi à tout faire disparaître, le corps et les traces.

---

(1) *Broutières*, locution du pays pour désigner les taillis
de peupliers et de saules qui croissent sur les alluvions du
Rhône.

Au récit imprévu de cet horrible épisode, Gaston resta stupéfait, atterré : le ressentiment, l'épouvante, le doute, se disputaient son âme : Et vous croyez, dit-il, que cet inconnu est l'homme que j'avais envoyé ?

— Je n'eus alors qu'une idée confuse, et telle est la terreur qu'inspirent ici le nom, le pouvoir de M. de Varni, que je ne parlai de cet événement à personne, pas même à Dominique, pas même à Julie... Mais maintenant j'en suis sûr : l'époque, le signalement, tout s'accorde avec mes souvenirs. Lorsque Baptistin, entendant cet étranger demander mademoiselle de Perne, sortit du cabaret, il alla, je le devine, en informer M. de Varni et lui demander ce qu'il fallait faire. Il revint avec les instructions de son maître, grisa à moitié votre envoyé, le fit jaser, lui offrit de le conduire au pavillon de Mignard, auprès de mademoiselle de Perne ; l'autre, ne se méfiant de rien, s'embarqua avec lui... Et en mettant le pied sur la rive, un bon coup de couteau dans la poitrine, un grand cri, quelques soupirs étouffés, puis un corps jeté dans le Rhône ; puis quelques traces de sang lavées avec l'eau du fleuve ; puis plus rien... Et voilà l'affaire !

— Mais pourquoi ce crime ? reprit Gaston dont l'esprit chevaleresque refusait encore de croire à tant de scélératesse.

— Pourquoi ? parce que ceci se passait à la fin d'avril, et que monsieur de Varni s'est marié un mois après, à la fin de mai ; parce que mademoiselle de Perne, si loyale et si courageuse, lui avait sans nul doute parlé de vous, de votre amour et du sien, de la nouvelle de votre mort, qui seule avait pu lui permettre de disposer de sa main. Dès lors, ne fallait-il pas empêcher d'arriver jusqu'à elle, l'homme envoyé par vous pour lui annoncer que vous étiez vivant ?.... Croyez-moi, monsieur Gaston, la nuit était propice, le Rhône est profond ; M. de Varni n'a pas reculé devant un crime, et Baptistin est un misérable !...

Ils restèrent un moment silencieux, écrasés ; Claude, par l'horreur de ce souvenir ; les deux autres par l'horreur de ce récit.

— Oh ! pauvre Maria ! s'écria M. de Tervaz qui déjà oubliait sa propre souffrance ; si ce que j'entends est véritable, à quel homme a-t-on lié ta destinée ? je ne suis pas le plus malheureux ! c'est toi, c'est toi qu'il faut plaindre !

Gaston avait sur les lèvres une question qu'il brûlait

d'adresser à ses amis, et qu'un sentiment bizarre, douloureux, arrêtait dans sa bouche : à la fin, il demanda : Et jusqu'ici ce mariage paraît-il heureux ? Madame de Varni a-t-elle un enfant ? (ces derniers mots furent prononcés d'une voix presque inintelligible.)

— Elle n'a pas d'enfant, se hâta de répondre Dominique Ermel. Peu de personnes sont admises auprès de monsieur et de madame de Varni. Autant le vicomte avait de faste autrefois, autant il aimait la splendeur, les fêtes, tout ce qui flattait son orgueil, autant il est devenu sombre, taciturne. Quoiqu'il soit jeune encore, son visage s'est ridé, ses cheveux ont blanchi. Quant à madame de Varni, elle n'a peut-être pas dit vingt paroles depuis son mariage ; nul ne l'a vu sourire... Oui, sans être initié à leurs secrets, il est facile de deviner, ou plutôt tout nous révèle qu'ils ne sont pas, qu'ils ne peuvent pas être heureux !

Il y eut encore un moment de silence ; Gaston reprit en se tournant de nouveau vers Dominique et vers Claude :

— Pardonnez-moi, mes amis ! les grandes douleurs rendent égoïste comme les grandes joies : voilà une heure que nous parlons de moi ! voilà une heure que vous répondez à mes questions ; et je ne vous ai

pas encore demandé où en sont vos belles et pures
amours !... Du moins, celles que vous aimez sont libres
encore !

— Hélas ! répliqua Dominique, nos affaires n'en valent guères mieux. Mademoiselle Antoinette Margerin
doit obéir à la volonté de son père, qui ne veut me
l'accorder qu'à condition que j'achèterai son étude...
et je suis trop pauvre.

— Et moi, dit à son tour Claude Rioux, je ne suis
pas plus avancé ; Julie Thibaut m'aime toujours ; mais
son père est un vieil avare ; il ne veut la donner qu'à un
homme qui ait autant d'argent que lui ; et je tremble
que ce scélérat de Baptistin...

— Ainsi donc, tous les trois, interrompit Gaston
avec une ineffable tristesse, tous les trois nous sommes brisés par le même obstacle, vaincus par le même
ennemi, la pauvreté !... Et faute d'un peu d'or, ces
trois jeunes filles, ces perles de la création, ces anges
de grâce et de beauté, Maria, Antoinette, Julie, nos
chères bien-aimées, seront sacrifiées toutes trois peut-
être !... Et nous ne pouvons rien, rien que pleurer
sur nous et sur elles !... Maintenant, adieu, mes amis :
je retourne à Villeneuve où j'ai laissé mon cheval, et
demain matin je me remets en route. Arrivé de nuit,

reparti avant le jour, n'ayant vu que Thibaut qui ne me connaît pas, vous dont je suis sûr, et Julie que vous prierez de me garder mon secret, nul ne saura que je suis venu, pas même Maria !... Elle me croit mort ; qu'elle le croie encore ; elle se sera trompée de date, voilà tout.

— Oh ! mais du moins vous ne vous tuerez pas ? dirent ensemble Dominique et Claude.

— Me tuer ! moi ! soyez tranquilles ! répondit Gaston avec un mélancolique sourire : j'ai l'honneur d'être au service du roi de France ; je porte une croix et une épée ; toutes deux me rappellent mon devoir. Je retourne à Brest ; la paix entre l'Angleterre et la France ne peut pas durer ; de nouveaux bruits de guerre s'accréditent. Reprendre du service, m'embarquer, n'avoir plus pour patrie que l'Océan, et pour amour qu'un souvenir : puis, un jour, rencontrer, comme il y a deux ans, une escadre anglaise... Ensuite... Dieu est bon, il permettra que je tombe, une fois encore, l'œil fixé sur le drapeau blanc et en criant : Vive le Roi !... mais, cette fois, je l'espère, pour ne plus me relever... une noble et douce mort, la mort d'un marin et d'un soldat !... Et vous, amis, vous à qui l'espérance est encore permise, oh ! soyez heureux de tout le bonheur qui m'est ravi…. Adieu ! adieu pour toujours !

Il leur tendait les bras : ils se jetèrent sur son cœur, et ces trois jeunes gens, unis par la même pensée, se pressèrent dans une fraternelle étreinte. Enfin, M. de Tervaz, rappelant tout son courage, rouvrit la porte, et remit en possession de sa maison le vieux et inquiet Thibaut qui se promenait discrètement au dehors. Ensuite, adressant encore un geste d'adieu à ceux qu'il quittait et qui le suivaient tristement du regard, il reprit, à grands pas, le chemin par lequel il était venu.

Dix heures sonnaient à l'antique horloge de Jacquemart : le temps était devenu froid et humide ; de gros nuages montaient vers le nord, poussés par un vent orageux. M. de Tervaz suivit le bord du Rhône ; mais l'heure était trop avancée ; le bac à traille avait passé de l'autre côté du fleuve, et Gaston essaya vainement de le héler. En ce moment, il aperçut, à quelques pas de lui, un petit bateau amarré à la rive ; et, sans attendre son appel, le batelier se leva et lui fit signe qu'il s'offrait à le conduire. Ce batelier était enveloppé d'un grand manteau et coiffé d'un chapeau à larges bords. La nuit, d'ailleurs, était trop sombre pour qu'on pût distinguer sa figure, et Gaston se trouva sur le bateau, sans qu'ils eussent échangé une parole. Ils firent silencieusement cette traversée. Le batelier ramait ; Gaston se tenait debout, regardant du côté de la ville qui s'éloignait peu à peu et dont les lumières s'éteignaient une à une, comme les pensées d'espérance dans une âme désolée : pas un bruit ne venait des deux rives ; de temps en temps, en longeant la pointe méridionale de la Barthelasse qu'il fallait doubler pour regagner l'autre bord, les rames froissaient les racines chevelues des aulnes et des saules ; ou bien un oiseau de nuit, effrayé, s'envolait à travers les branches ; ou bien encore l'aboiement lointain d'un chien de berger rompait tout-à-coup le silence.

Enfin, ils touchèrent le bord ; Gaston sauta lestement à terre. Pendant qu'il se fouillait pour payer le batelier, celui-ci prit sa lanterne qui était restée à ses pieds, et, l'élevant au niveau de son visage et des regards de Gaston, il laissa tomber en même temps le manteau qui l'enveloppait : M. de Tervaz poussa un cri de surprise ; dans ce conducteur mystérieux, il venait de reconnaître Julie Thibaut. A son tour, ce fut elle qui lui imposa silence d'un geste. Sans mot dire, elle lui glissa, entre les doigts, un mince morceau de papier et rapproche encore sa lanterne , afin que Gaston pût le lire. Il y jeta les yeux et tressaillit : une subite et ardente rougeur colora son visage pâle et défait.

— Que faudra-t-il que je réponde de votre part? demanda Julie.

— Dites que j'obéirai , répliqua-t-il.

Sur le papier que lui avait glissé la jeune fille, voici ce que Gaston avait lu :

« Ne partez pas sans m'avoir entendue ; ne mourez pas sans m'avoir pardonné. »

LES TROIS AMOURS.

II.

Jusqu'ici, continua maître Calixte Ermel, je n'ai pas très exactement suivi le conseil d'Hamilton : « Bélier, mon ami, si cela t'est égal, commence par le commencement » : Je me suis peut-être lancé trop vite en plein sujet, *in medias res* ; et je m'aperçois qu'avant d'aller plus loin, quelques explications préliminaires sont indispensables à la clarté de mon récit.

Vous avez voyagé, monsieur le vicomte ; en Orient,
en Italie, en Espagne, vous croyez sans doute avoir
rencontré les plus belles femmes qui se puissent voir.
Je pense que vous changeriez d'avis, si, au lieu de
ne connaître notre ville que par ses adjoints, ses geô-
liers et ses notaires, qui ne représentent évidemment
que la moins attrayante partie du genre humain, vous
contempliez dans nos bals, dans nos promenades ou
dans nos fêtes, ces créatures ravissantes, nées pour
la joie des cœurs et des regards, qu'on appelle les
filles d'Avignon. Comtadines ou Provençales, il y a
dans leur sang un mélange des races gauloise et méridionale, qui unit et confond chez elles, en un harmonieux ensemble, les caractères les plus opposés.
Piquantes et régulières, sérieuses et souriantes, sen-
suelles et idéales, rêves de poète et modèles de sta-
tuaire, sentimentales comme des héroïnes de roman,
pétillantes comme des soubrettes de Molière, rien
n'est comparable à ces splendides jeunes filles, lorsque, les mains entrelacées, elles se répandent, par un
joyeux soleil de mai, à travers nos prairies en fleurs :
aussi fraîches que ces fleurs, aussi radieuses que ce
soleil. L'œil vif, l'air mutin, le pied furtif, la taille
souple, vous les verriez, portant, dans toute sa pri-
mitive élégance, le vrai costume indigène, dessinant

les bandeaux lisses et lustrés de leurs cheveux noirs
sous cette jolie coiffe blanche qui rappelle le casque
antique, et donne envie de s'écrier comme Othello:
Oh ! mes belles guerrières ! Les fenêtres de nos man-
sardes encadrent, soyez-en sûr, dans leurs festons de
campanules et de capucines, bien des Rigolettes inconnues, bien des Bernerettes oubliées, à qui il ne
manque qu'un peintre digne d'elles. Hélas ! ce n'est
pas moi, pauvre vieux tabellion au front ridé, au
cœur terni, qui puis me flatter de leur rendre leur
physionomie originale et charmante. Et cependant,
quand je vous en parle, mon sang glacé se réchauffe ;
sur mes lèvres attristées glisse ce sourire involontaire
que le bon Homère prête aux vieillards de Troie,
lorsqu'ils regardent Hélène, et que leurs yeux en-
chantés démentent les reproches de leur bouche.

S'il en est encore ainsi, maintenant que tout dégé-
nère, maintenant qu'Avignon n'est plus qu'une capi-
tale déchue dont le pavé inégal et raboteux laisse
croître l'herbe entre ses fentes, jugez ce que ce devait
être dans le temps où nous comptions parmi les cen-
tres et les foyers de la civilisation renaissante, où
nous servions de trait-d'union entre les mœurs polies,
les goûts poétiques, l'élégante urbanité du Midi, et
cette barbarie féodale dont les ténèbres commen-

çaient à peine à se dissiper. Plus tard, bien que cette splendeur fût près de s'éteindre, jugez ce qu'étaient encore la beauté, l'éclat, l'influence de nos femmes, alors que, dans notre ville peuplée de plus de cent mille âmes, un vice-légat, prince à demi ecclésiastique, à demi mondain, rassemblait, à sa suite, une cour brillante, florentine d'origine, française d'esprit, romaine de cœur, et que le bruit des fêtes, les accens de la poésie, le doux murmure des arts, faisaient retentir les murs de ce palais aujourd'hui si triste, où nous n'entendons que le pas mesuré de la sentinelle et le cliquetis des clefs du geôlier.

Eh bien! à l'époque où nous ramène ce récit, première page de mes Mémoires, il n'y avait pas, soit à Avignon, soit aux alentours, une beauté qui ne s'éclipsât devant celle de trois jeunes filles, si complètement, si triomphalement belles, qu'elles rendaient impossible toute comparaison, toute rivalité, et même toute jalousie. De ces trois jeunes filles, l'une appartenait à la noblesse : c'était Maria de Perne; l'autre, à la bourgeoisie : c'était Antoinette Margerin; la troisième au peuple : c'était Julie Thibaut; des circonstances assez singulières avaient présidé à leur naissance, et contribué à les rapprocher, malgré la différence des rangs et des fortunes.

Toutes trois étaient nées le même jour ; on les avaient présentées, à la même heure, à l'église de Saint-Agricol, leur paroisse ; mais deux d'entre elles, les deux plus riches, Maria et Antoinette, avaient coûté, en naissant, la vie à leurs mères ; on eût dit qu'elles comprenaient sous quels funèbres auspices elles entraient en ce monde ; car elles tendaient leurs petites mains, comme pour demander un appui, et en pleurant d'une façon si touchante, que le curé, le sacristain, tous les assistans fondaient en larmes. Au nombre des personnes les plus vivement émues, se trouvait Suzanne Rioux, cousine de Madeleine Thibaut, la mère de Julie : cette bonne femme, aussi pauvre que sa cousine, et mariée comme elle à un pêcheur du Rhône, avait un beau marmot, nommé Claude, à peine âgé de quelques mois. Voyant Maria et Antoinette en deuil, leurs parens éplorés, et tout le monde en mouvement pour leur chercher des nourrices, elle mit le poing sur la hanche, et affirma que Maria et Antoinette ne pouvaient avoir de nourrices plus robustes, plus fraîches et plus dévouées qu'elle et sa cousine Madeleine : elle se sentait, disait-elle, de force à allaiter une des deux orphelines en même temps que son gros petit Claude, et Madeleine Thibaut se chargerait de l'autre en même temps que de Julie. La population des bords du Rhône est si vigoureuse, et ces deux femmes avaient une réputation si bien établie d'honnêteté et de bonne santé, que la proposition de Suzanne Rioux fut acceptée avec empressement. D'ailleurs, maître Margerin, le père d'Antoinette, réfléchit qu'étant le notaire le plus occupé de toute la ville, il serait fort empêché s'il gardait dans sa maison une petite fille qui exigerait des soins continuels ; et le marquis de Perne qui avait aimé avec passion sa femme, morte en accouchant de Maria, sentit que, dans les premiers temps, la vue de l'enfant qui lui avait coûté si cher, lui serait plus pénible que douce.

Les habitations de Madeleine et de Suzanne brillaient moins par le comfort que par le pittoresque ; c'étaient deux cabanes recouvertes en bois, fort voisines l'une de l'autre, et à dix minutes de la ville. Elles n'étaient séparées du Rhône que par un talus rapide, dans lequel les pêcheurs avaient pratiqué quelques marches assez grossières pour descendre jusqu'à leurs bateaux. Ce talus, fertilisé par le crément du fleuve, s'était peu à peu couvert de saules, de vignes sauvages et de buissons qui allaient d'une cabane à l'autre. D'énormes massifs de peupliers, d'aubes et d'ormeaux, les abritaient contre les vents d'hiver, et, de leurs branches entrelacées, leur formaient comme un second toit, rempli de verdure, de fraîcheur et de cris d'oiseaux. C'est là qu'étaient établies Madeleine et Suzanne, et qu'elles installèrent tant bien que mal leurs filles d'adoption avec leurs propres enfans. Suzanne Rioux fut la nourrice d'Antoinette Margerin : Madeleine Thibaut allaita Maria de Perne.

Les quatre enfans grandirent ensemble ; ils grandirent en plein air, au soleil, à la pluie ; leurs jeunes poitrines aspirèrent, à pleins poumons, cette bise âpre et saine dont ils aimaient à entendre, le soir, les frémissemens sonores à travers la feuillée. Ils couraient pieds nus sur la rive, s'empourpraient les joues de mûres sauvages, dénichaient dans les buissons les bouvreuils et les mésanges, et baignaient leurs jambes nerveuses dans l'eau froide et transparente du fleuve. Ni leurs corps ni leurs cœurs ne connaissaient d'entraves ; ils marchaient heureux et libres comme de vraies créatures du bon Dieu, et ils se développèrent si merveilleusement, que bientôt, dans tout le voisinage, on ne parla que des *quatre enfans du Rhône*. C'est ainsi que les désignaient les bateliers qui les saluaient en passant, et qui prétendaient que leur rencontre était le présage d'une heureuse pêche. A sept ans, Claude Rioux était déjà capable d'aider son père : quant aux trois jeunes filles, les comparer à des chérubins, c'est à peine donner une idée de leur beauté et de leur grâce.

Cependant cette éducation à la Jean-Jacques (pardonnez-moi l'anachronisme), ne pouvait durer éternellement. Maria et même Antoinette n'étaient pas faites pour passer toute leur vie chez des pêcheurs, sans apprendre autre chose qu'à parler patois et raccommoder des filets troués. Un jour donc, le marquis de Perne et maître Margerin vinrent reprendre leurs filles ; ce jour-là, il y eut bien des larmes chez Madeleine et chez Suzanne. Ces enfans, habitués à vivre ensemble, avaient conçu les uns pour les autres une affection si vive, que leur douleur, en se séparant, fut plus profonde que ne le comportait leur âge. Avec une sorte de solennité qui, pour être enfantine, n'en était pas moins touchante, ils se promirent qu'ils s'aimeraient toujours et qu'ils ne s'oublieraient jamais.

Plus aguerri, plus réfléchi que ses compagnes, Claude Rioux avait déjà pensé à ces distinctions de rang qui devaient s'interposer tôt ou tard dans cette amitié d'enfance, et ne lui laisser que Julie. Il prit celle-ci par la main, lorsque les deux autres eurent disparu derrière les arbres, et l'attirant sur son cœur, il lui jura de l'aimer pour trois, puisque désormais ils devaient rester seuls. Julie répondit à cette étreinte, et à dater de ce moment, ces deux jeunes cœurs se regardèrent comme rivés l'un à l'autre. Ils n'eurent pourtant pas à se plaindre de Maria et d'Antoinette, qui tinrent fidèlement leurs promesses. Ni le luxe et l'éclat de la maison du marquis de Perne, ni les bons dîners et les gâteries paternelles de maître Margerin, ne purent faire oublier à leurs filles la tendresse de Julie et de Claude, les fromages frais de la bonne Suzanne et les fritures de la mère Thibaut. Elles y revenaient de temps à autre, apportant des jouets et des sucreries dont Claude ne faisait pas grand cas, et de tendres paroles qui leur ravivaient le cœur. On ne s'étonnait pas de voir Antoinette Margerin aussi fidèle à ses amitiés ; c'était une douce et bonne fille dont les traits angéliques reflétaient l'âme aimante et naïve. Mais, en grandissant, Maria de Perne annonça un caractère tout différent. Son père était un homme froid, peu communicatif, qui paraissait vivre dans le passé et se livrait bien rarement, avec sa fille, à ces épanchemens qui eussent amolli son naturel indépendant et hautain. Elle prit l'habitude de se replier sur elle-même ; et, de cette taciturnité rêveuse, unie au souvenir de la liberté presque sauvage de ses premières années, résulta un caractère étrange, une fierté contenue, indomptée, inflexible, une énergie presque virile que rendait plus frappante encore son incomparable beauté. Maria n'était pas vaine ; elle avait le sentiment de sa valeur, et ce sentiment, qui la rendait dédaigneuse à l'égard de ses égaux, disparaissait lorsqu'elle avait affaire aux pauvres et aux humbles. Dès qu'elle se retrouvait auprès d'Antoinette, dès qu'elle mettait le pied sur le seuil de la cabane de Madeleine, dès que Julie et Claude entraient chez elle, endimanchés et un peu craintifs, pour lui faire hommage d'un panier de mûres ou d'un bouquet de violettes, elle redevenait la fille des champs, simple et bonne, affectueuse et charmante. Mais lorsque, dans le salon de son père, elle était forcée de reprendre son rôle de jeune personne bien née et bien élevée, et de recevoir les élégans et les grandes dames du pays, alors son caractère reparaissait tout entier. Soit gêne, soit froideur naturelle, soit conviction de sa supériorité, elle apportait dans ces relations une raideur glaciale et dédaigneuse qui écartait toute confiance, toute sympathie.

Cependant, comme son nom, sa fortune et sa beauté dominaient tout le reste, Maria de Perne n'avait pas encore seize ans, qu'elle servait déjà de point de mire aux plus brillans partis de la Provence et du Languedoc. Elle ne daignait pas s'apercevoir des

empressemens dont elle était l'objet, ni même honorer
d'un refus ceux qui précisaient davantage leurs pré-
tentions. Elle affectait d'ignorer ou de ne pas comprendre qu'il s'agissait d'elle ; on eût dit qu'elle mettait son affection et sa personne à un si haut prix,
que nul ne lui paraissait digne d'y atteindre.

Chaque année, en automne, Maria de Perne allait
passer quelques mois à la campagne, près de Montpellier, chez sa grand'mère maternelle, la comtesse de
Vénéjan. C'était une vieille douairière qui avait vu
les dernières années de Louis XIV, et quelque peu
les premiers temps de la Régence. Sans se laisser
corrompre par l'atmosphère des cours, elle y avait
appris une morale indulgente et facile, une amabilité
expansive qui, par l'effet même du contraste, lui donnait quelqu'ascendant sur sa fière et indomptable petite-fille. « Ma chère enfant, lui disait-elle quelquefois
en lui caressant le menton de sa main blanche et effi-
lée, vous êtes une fleur des champs, une fleur sauvage ; ce sont celles dont les couleurs sont les plus
vives et les parfums les plus doux : heureux celui qui
les respire et qui les cueille ! » Et comme Maria lui
répondait : « Jamais ! » avec un petit air de dédain qui
lui allait du reste à merveille, la bonne douairière

répliquait par un proverbe vieux et aimable comme elle : Il ne.faut jurer de rien.

Un jour que mademoiselle de Perne était chez sa grand'mère, et que, fidèle à ses habitudes, elle se promenait à cheval assez loin dans la campagne, il lui arriva de prolonger sa promenade un peu plus loin que de coutume, et la nuit approchait lorsqu'elle songea à retourner au château. Elle avait mis à son cheval la bride sur le cou et admirait les teintes pâlissantes du soir, lorsqu'au détour d'un chemin solitaire, elle rencontra trois ou quatre étudians de Montpellier, qui, après avoir bu et mangé dans quelque guinguette du voisinage, s'apprêtaient à rentrer dans la ville, la tête plus chargée d'alcool que de bon sens. En voyant venir à eux cette belle jeune fille, errant à l'aventure et loin de toute habitation, leur cerveau méridional acheva de s'exalter, et ils assaillirent la hardie promeneuse de quelques uns de ces complimens qui ressemblent à des offenses. J'essaierais vainement de peindre la surprise, la colère, l'indignation de mademoiselle de Perne. Elle s'arrêta court, et lança aux impertinens un regard qui les eû certainement foudroyés s'ils eussent été capables d'en comprendre l'expression : mais ils n'étaient pas gens à s'arrêter en si beau chemin ; les quolibets, les sarcas-

mes, les mots à double entente commencèrent à pleu-
voir de plus belle, et, pour la première fois depuis qu'elle
était au monde, Maria (supplice affreux pour elle!) se
sentait près d'être humiliée.

En ce moment, un jeune homme, de dix-huit ans
à peine, et dont l'extérieur annonçait plus de courage
que de vigueur, s'élança tout-à-coup d'un groupe
d'arbres placés à quelques pas de distance, et, sans
perdre le temps en paroles, tombant comme grêle
sur les assaillans, il se mit à leur distribuer des horions
et des coups de canne. Après le premier instant de
surprise, les étudians, honteux d'être battus dans un
combat aussi inégal, tournèrent leur verve contre le
nouveau-venu ; et il allait, comme on dit, passer un
mauvais quart d'heure, lorsque Maria, sortant de son
inaction et de sa stupeur, lança son cheval sur un des
étudians, et d'une main dont on n'aurait pas soupçonné la force, elle lui cingla le visage du plus énergique coup de cravache que jamais amazone irritée
ait asséné à un insolent. Ce coup inattendu fut le
signal de la victoire : confus d'avoir sur les bras un
pareil ennemi, les étudians se dégrisèrent, et, moitié
gaiment, moitié en déroute, ils s'enfuirent à travers
champs.

Mademoiselle de Perne resta un instant immobile ;

dans le feu de l'action, son chapeau était tombé, et ses beaux cheveux blonds se déroulaient à flots sur ses épaules. Ses yeux lançaient des éclairs ; ses narines gonflées semblaient appeler la vengeance et le péril ; une émotion bizarre, mélange de dédain, de confusion et d'orgueil, soulevait son corsage. Ce fut ainsi qu'elle apparut à son défenseur inconnu, lorsqu'il arrêta sur elle son premier regard ; et ce fut là une de ces impressions soudaines, une de ces images ineffaçables qui décident de toute une destinée.

A son tour elle le regarda : il paraissait à peine plus âgé qu'elle ; sa figure noble et expressive empruntait à la circonstance un air d'exaltation chevaleresque. Elle lui sut gré d'être arrivé si à propos, de s'être dévoué pour elle, de lui avoir épargné la seule humiliation qu'elle eût jamais pressentie : et loyalement, franchement, sans coquetterie, arrière-pensée ou fausse honte, elle lui tendit la main.

Une connaissance commencée sous de pareils auspices, devait faire des progrès rapides : Maria apprit bientôt que ce jeune homme était un orphelin, sans fortune, fils d'un pauvre gentilhomme du Rouergue, mort pendant les dernières guerres : il se nommait Gaston de Tervaz.

Gaston était garde-pavillon, c'est à dire élève de marine ; il venait, tous les ans, passer son congé chez une vieille tante, l'unique parente qu'il eût conservée, et qui habitait une maison de campagne voisine du château de la comtesse de Vénéjan. Une fois qu'elle eut obtenu ces renseignemens préliminaires, mademoiselle de Perne sut bien vite trouver les moyens de revoir son jeune défenseur. S'il eût montré des dispositions présomptueuses, l'envie de se prévaloir auprès d'elle du service qu'il lui avait rendu, elle se serait armée contre lui de ce dédain superbe qui paraissait devoir la défendre contre toute surprise de cœur ; elle se fût reproché, comme une faiblesse, la première impression qu'elle avait ressentie en le voyant. Mais à une intrépidité de lion, Gaston unissait une candeur d'enfant et une timidité de jeune fille ; et à leur seconde rencontre, Maria le retrouva plus tremblant et plus troublé qu'elle. Cette émotion juvénile et naïve le servit mieux que ne l'eussent fait les combinaisons les plus habiles : heureuse du sentiment de sa supériorité et de sa force, mademoiselle de Perne éprouva d'abord pour M. de Tervaz l'affection que lui eût inspirée un frère, plus jeune et plus faible, qui aurait eu besoin de s'appuyer sur elle. Elle ne s'effraya point de cette affection qui ne la forçait pas à douter d'elle-même, et elle arriva d'autant plus vite à donner son cœur qu'elle le crut plus invincible.

Mais mademoiselle de Perne avait plus de franchise encore que d'orgueil. Dès qu'elle se fut avoué son amour, elle ne chercha ni à feindre, ni à s'abuser, ni à gagner du temps à l'aide de ces innombrables évolutions de la stratégie féminine qu'elle ignorait, et qu'elle eût méprisées si elle les avait connues. Elle n'était pas de l'avis de Cathos au sujet des préludes, des réticences, des demi-aveux qui doivent précéder une déclaration et servir de préface à un tendre penchant. Elle apporta dans cet amour la résolution et l'indépendance qu'elle mettait à toutes choses, et elle se dit, que, par cela seul qu'elle aimait M. de Tervaz, il devenait digne d'elle. Sa grand'mère, à qui elle se confia, accueillit avec un sourire indulgent et un peu sceptique l'aveu de ce sentiment profond, éternel, irrévocable, chez une jeune fille qui n'avait pas encore seize ans. Comme les gens très âgés et qui ont beaucoup vu le monde, traitent assez légèrement ces histoires de cœur chez les personnes très jeunes, comme la comtesse de Vénéjan raffolait d'ailleurs de sa petite-fille, elle se prêta de fort bonne grâce à tout ce que lui demanda mademoiselle de

Perne : elle fit atteler ses chevaux à son carosse, et elle alla faire avec Maria, une visite à sa voisine, la tante de Gaston : des relations amicales s'établirent, et ces deux aimables vieilles se contentèrent de surveiller d'un peu loin les fraîches et printannières amours qui se nouaient sous leurs yeux. Ces enfans étaient si purs, leurs tendresses étaient si loyales, qu'une surveillance plus active eût été à la fois blessante et inutile. Tous deux surent qu'ils aimaient, qu'ils étaient aimés, bien avant de se l'être dit ; et lorsque Gaston, forcé de repartir pour Toulon où il avait encore un an d'école à faire, dit adieu à mademoiselle de Perne, ils comprenaient que leurs âmes étaient unies pour jamais, et ils ajoutaient tout bas que leurs destinées étaient désormais inséparables.

L'année suivante, vers la même époque, ils se retrouvèrent ; cette année d'intervalle avait donné à la beauté de mademoiselle de Perne l'achèvement suprême, l'idéale perfection, vivifiée et complétée encore par un sentiment partagé. Ce que le temps avait fait pour leurs personnes, cet amour l'avait fait pour leurs âmes. Ils n'étaient pas changés, mais développés et affermis. L'absence est comme la solitude : elle affaiblit ce qui est faible ; elle fortifie ce qui est fort ; ce qu'elle ne vieillit pas, elle le mûrit ; ce qu'elle n'efface pas, elle l'éternise.

C'était la dernière fois que Gaston passait ainsi l'automne auprès de sa tante. Il venait d'obtenir le grade d'enseigne, et il devait, trois mois plus tard, partir pour Brest et s'embarquer à bord du *Lys*, pour une expédition périlleuse et lointaine. Maria et Gaston n'avaient donc plus à eux que ce temps si court, avant d'arriver à une séparation, longue peut-être, peut-être éternelle. Ce furent trois mois de purs enchantemens, de saintes et poétiques ivresses. Mademoiselle de Perne ne se faisait pas illusion sur l'avenir : ce n'était pas une de ces natures molles et indécises, qui croient pouvoir renfermer le monde dans leurs romanesques rêveries. L'enthousiasme du cœur s'alliait chez elle au sentiment très net de la réalité. Elle se disait qu'il fallait que Gaston partît, qu'il avait sa carrière à suivre, son devoir à accomplir, son nom à faire ; qu'une union entre eux était impossible tant que ces conditions ne seraient pas remplies : mais à toutes les chances mauvaises l'altière et intrépide jeune fille opposait, comme contrepoids, deux choses qu'elle croyait supérieures à tout : son amour et sa volonté.

Pour donner à ces momens qui précédaient une séparation, plus de solennité et de charme, mademoiselle de Perne eut une fantaisie singulière. Elle voulut appeler auprès d'elle ses deux compagnes d'enfance, Antoinette Margerin et Julie Thibaut. Il y eut pour toutes trois une douceur bien grande à se retrouver ensemble, comme dix ans auparavant, et Maria se replongea, pour ainsi dire, dans cette amitié, avec cette force , cette ardeur nouvelle qu'un premier amour ajoute à toutes les autres facultés du cœur. Elles reprirent leurs douces causeries, leurs courses à travers la campagne. L'automne, si beau dans le midi de la France, prêtait ses mélancoliques splendeurs, l'éclat voilé de son soleil, les riches teintes de ses paysages, aux promenades des trois amies. Seulement, au lieu d'adorables enfans, elles étaient devenues de ravissantes jeunes filles ; au lieu de se poursuivre en courant, elles marchaient côte à côte ; au lieu de rire, elles rêvaient ; au lieu d'échanger des folies, elles échangeaient des confidences.

Enfans, elles s'étaient presque ressemblé ; en se développant avec l'âge, leur beauté avait pris un caractère différent, où se retrouvait un reflet de leurs conditions diverses. Maria de Perne était le type de la jeune fille de haut lignage, née, en temps ordinaire, pour plaire et commander ; en temps de révolution, pour se dévouer et souffrir. Le *sang*, la *race*, ces mots dont on a tant abusé, éclataient dans toute sa personne. Ses pieds eussent fait envie à Cendrillon et ses mains à Anne d'Autriche. Les lignes onduleuses de ses belles épaules, le galbe exquis de sa tête, petite et royalement posée sur son cou mince et flexible, sa démarche à la fois souple et altière, l'éclat de ses yeux, tempérés et adoucis par les nuances délicates de son teint un peu pâle, et ses cheveux blonds aux reflets d'or, tout en elle était noble et superbe comme un souvenir de Louis XIV et de Versailles. Il suffisait de la regarder pour comprendre ces deux religions que les femmes avaient tour-à-tour créées : la chevalerie, qui enseignait à mourir, et la galanterie, qui apprenait à vivre.

Antoinette Margerin réalisait cet idéal de modestie attrayante, de sérénité silencieuse et paisible qui caractérisait la vie bourgeoise à cette époque. Moins grande que sa noble amie, elle n'avait ni ses airs de tête, ni son expression fière et passionnée, ni la grâce souveraine de ses attitudes et de ses mouvemens. Ses cheveux d'un blond plus clair que ceux de Maria, formaient, avec ses yeux bleus et limpides, un irrésistible ensemble de bonté et de douceur. Son teint offrait cette fraîcheur délicieuse, virginale, de la fleur que rien n'a froissée. L'attrait de cette figure, qui s'emparait peu à peu de l'âme, consistait tout entier dans les demi-teintes, daus cette naïveté d'impressions qui se traduisaient sur son front en rougeur soudaine , et que l'on pouvait deviner avant elle-même. La beauté de mademoiselle de Perne, c'était le rayon qui illumine et embrase tout, mais qui éblouit le regard : celle de mademoiselle Margerin, c'était cette aube, cette lueur mystérieuse et douce de la première heure du jour, qui découvre peu à peu le charme du paysage à travers les brumes matinales.

Moins poétique que Maria , moins touchante qu'Antoinette, Julie Thibaut, la fille du peuple, avait peut-être quelque chose de plus saisissant et de plus splendide. Ses cheveux bruns, que sa coiffe pouvait à peine contenir, encadraient admirablement son visage d'une richesse de lignes sculpturale. Un léger cercle de bistre cernait ses yeux noirs , et ajoutait à leur expression que ses longs cils rendaient plus profonde encore ; un imperceptible duvet couvrait sa lèvre supérieure, et faisait ressortir l'émail humide et frais de ses dents. Son cou, ses bras, presque toujours découverts, suivant l'usage des filles de nos campagnes, avaient contracté non pas le hâle vulgaire, mais ces tons chauds et vigoureux que notre soleil donne à ce qu'il touche. Elle avait le pied petit ; mais ses mains fortes et un peu rudes, quoique d'un très beau dessin, semblaient le seul tribut payé par cette magnifique nature à ses habitudes de travail et de pauvreté.

Un roi, un poète, un rêveur, eussent préféré Maria. Pour une âme simple et honnête, cherchant à se reposer dans la sécurité d'une affection sans orage, Antoinette eût paru la plus belle. Un artiste, amoureux de la forme et du caractère, serait tombé en extase devant Julie.

Mademoiselle de Perne chérissait trop ses deux compagnes pour leur cacher ce qui se passait dans son cœur. Antoinette et Julie étaient au courant de sa rencontre avec Gaston, des progrès de cet amour, de ses lointaines espérances. Elle leur présenta M. de Tervaz qui ne tarda pas à les aimer comme deux sœurs : et bientôt, ce petit coin du monde offrit un spectacle bien rare : trois jeunes filles d'une beauté presque égale, qui n'éprouvaient mutuellement aucune velléité de jalousie, et un beau jeune homme qui aimait loyalement l'un des trois, sans être l'objet des coquetteries des deux autres.

A son tour, la pauvre Julie fit ses confidences : elles n'étaient pas gaies ; de grands changemens étaient survenus, depuis quelques années, dans les deux cabanes du bord du Rhône. Le père Thibaut, dont la femme avait nourri Maria, avait été largement récompensé par le marquis de Perne : grâce à cet argent, il s'était trouvé, un beau jour, propriétaire de deux bateaux et d'un droit de pêche ; puis, il avait entrepris un petit commerce de vin et d'huile ; et, enfin, devenu veuf, il avait acheté sur le quai du Rhône, un cabaret achalandé, dans lequel nous l'avons vu installé au commencement de ce récit. Malheureusement la fortune des Rioux avait suivi une marche toute contraire. Maître Margerin était fort avare, et le peu d'argent qu'il avait donné à Suzanne et à son mari, n'était pas resté long-temps entre leurs mains. Suzanne était morte, après une longue maladie, pendant laquelle s'étaient épuisées toutes les économies du ménage. Sans femme, sans argent, forcé de vendre son bateau, le père de Claude, pour s'étourdir, avait fini par se livrer aux liqueurs fortes ; bref, il vint un moment où Claude Rioux se trouva seul, abandonné, ne possédant, pour tout bien, que ses dix-huit ans, ses bras robustes et son amour pour Julie. C'était trop peu, à ce qu'il paraît, aux yeux du père Thibaut, qui, vu le déclin de la fortune des Rioux et l'accroissement de la sienne, cessa tout-à-coup de reconnaître la parenté, et signifia vertement à Claude qu'il eût à renoncer à toute prétention sur mademoiselle Julie Thibaut. Ce sont là de ces ordres auxquels on n'a garde d'obéir, surtout lorsqu'on est encouragé à la désobéissance par la principale intéressée : Claude et Julie se promirent de nouveau de s'aimer toujours et d'attendre des temps meilleurs.

Voilà ce que raconta Julie, pendant que les trois amies se promenaient ensemble dans un sentier bordé d'aubépines qui conduisait du château de Vénéjan à l'habitation plus modeste de la tante de Gaston.

— Courage, Julie ! lui dit mademoiselle de Perne ; le courage et l'amour sont frères ; toutes deux nous avons à attendre, à lutter, à souffrir ; mais, à notre âge, attendre, c'est espérer ; lutter, c'est vaincre ; souffrir, c'est aimer !

Puis, se tournant vers Antoinette qui gardait le silence :

— Toi seule, lui dit-elle, toi seule, douce et simple enfant, tu as su préserver ton cœur ! Tu ne vois passer dans tes rêves d'autre image que celle de ton ange gardien !.. Oh ! toi qui n'aimes pas, prie pour nous... prie pour ceux qui aiment !

La pauvre Antoinette devint rouge comme une cerise, et se jetant dans les bras de Maria, appuyant sa tête sur sa poitrine, elle lui avoua bas, bien bas, qu'elle aussi avait son petit roman.

Il était pur et paisible comme elle ; un des jeunes clercs de maître Margerin, son père, l'avait souvent regardée à travers les vitres de l'étude, tandis qu'assise sous les vieux buis du jardin, elle raccommodait le linge de la maison. La figure de ce jeune homme était intéressante. Antoinette avait su qu'il s'appelait Dominique Ermel et qu'il faisait vivre de ses épargnes une mère vieille et infirme : peu à peu ils avaient échangé quelques paroles ; une certaine familiarité s'était établie. La jeune fille s'était fait une douce habitude de ce moment où Dominique, le visage collé contre la fenêtre, lui adressait un salut timide qu'elle payait d'un sourire. Ce moment n'avait pas tardé à devenir l'unique émotion, l'unique joie de ses calmes et monotones journées : l'impression qu'elle en ressentait, l'attente et le souvenir qu'elle en gardait dans son cœur, tel fut le prélude de cet amour silencieux et pudique, renfermé dans cet étroit espace, entre de pâles et grisâtres murailles que le soleil visitait à peine une heure par jour. Cet amour s'infiltra peu à peu dans son âme, comme ces sources, qui se forment, goutte à goutte, au creux des rochers. Antoinette s'aperçut à peine des progrès lents, continus, mystérieux, de ce sentiment qui s'ignorait lui-même et que favorisait cette délicieuse ignorance ; mais, un jour que Dominique, retenu auprès de sa mère malade, ne parut pas, à l'heure accoutumée, derrière la fenêtre, Antoinette qui travaillait, assise à sa place ordinaire, sentit d'abord comme une espèce de frisson : ensuite, se penchant de nouveau sur son ouvrage, il lui sembla que ses yeux voyaient trouble : puis une larme parut au bord de sa paupière, se retint un moment à ses longs cils, et enfin, glissant doucement le long de sa joue fraîche et rose, tomba, comme une perle inconnue, sur sa main tremblante. Cette larme divine révéla Antoinette à elle-même et lui apprit qu'elle aimait.

La timide jeune fille n'était pas allée plus loin dans cette voie dangereuse et charmante ; elle était sûre de l'amour de Dominique ; mais elle n'osait pas parler à maître Margerin, son père ; elle savait qu'il n'entendait pas raillerie sur le chapitre des écus ; il lui répétait très souvent que son étude valait soixante mille livres, et qu'il n'accepterait pour gendre qu'un homme assez riche pour se mettre en son lieu et place, et lui payer ladite étude en beaux deniers comptans. Antoinette en était là de ses espérances, de ses prévisions et de ses craintes. Elle n'avait ni l'énergie et la résolution patricienne de Maria, ni la vigueur populaire et naïve de Julie. En attendant les événemens que lui préparait l'avenir, elle se résignait, aimait, pleurait et priait.

Le temps se passait dans ces douces confidences : Gaston servait parfois de guide aux trois amies dans leurs excursions aventureuses : madame de Vénéjan les prêchait bien un peu ; elle leur disait bien que sa vieille expérience n'était pas d'accord avec leurs illusions juvéniles, que le monde et la vie déjouaient presque toujours les plus aimables combinaisons du cœur, et que d'aussi jolis romans, avaient le malheur ou le tort d'en rester souvent au premier chapitre. Mais, en regardant ces fronts si jeunes, ces yeux si beaux, le rayonnement de ces âmes si pures sur ces traits si nobles et si charmans, la bonne comtesse se sentait désarmée ; elle commençait en les grondant, et elle finissait par leur sourire.

Le jour vint cependant où Gaston de Tervaz devait partir. A force de cajoler sa grand'mère, Maria de Perne obtint la permission d'accompagner Gaston, avec Antoinette et Julie, jusqu'à un village nommé Florensac, situé à une lieue de Montpellier, à l'angle de la grande route : c'était là que le jeune homme devait prendre le coche, seule ressource des voyageurs à cette époque. Tout en cheminant, mademoiselle de Perne avait un air de mystère qui n'eût pas échappé à ses deux compagnes, si elles avaient pu se douter de ce qu'elles allaient trouver à Florensac ; quels furent leur surprise et leur trouble, lorsqu'à l'entrée du village, elles reconnurent Claude Rioux et Dominique Ermel ! Mademoiselle de Perne, voulant donner à ce moment une solennité qui leur servît à tous de souvenir et de date entre les joies du passé et les incertitudes de l'avenir, avait résolument écrit à Dominique et à Claude pour leur assigner ce rendez-vous.

— Avant de nous séparer, dit-elle à Gaston, j'ai désiré réunir tous ceux sur lesquels nous pouvons compter, qui peuvent compter sur nous: Claude, et vous, monsieur Dominique, je vous demande votre amitié pour monsieur Gaston de Tervaz, enseigne de vaisseau au service de Sa Majesté. Gaston, je vous présente monsieur Dominique Ermel, et Claude Rioux; vous les connaissez d'avance; ce sont deux sincères amis.

Les jeunes gens se tendirent la main : elle continua.

—Monsieur Dominique, Antoinette vous aime ; Claude, vous êtes aimé de Julie : monsieur de Tervaz, vous êtes sûr de moi, n'est-ce pas ? (Gaston voulut parler) ; c'est bien, poursuivit-elle, les phrases et les sermens sont inutiles entre nous ; fiez-vous à mon cœur ; c'est lui que j'interroge pour lire dans le vôtre.

— Maria ! s'écria M. de Tervaz suffoqué d'une émotion indicible.

—Antoinette ! Julie ! reprit mademoiselle de Perne : aimez ceux qui vous aiment ; ils sont dignes de vous ; moi, je crois à votre amitié comme vous croyez à la mienne.

Pour toute réponse, les deux jeunes filles se pressèrent sur le sein frémissant de Maria, et ni amant, ni peintre n'eussent pu rêver un groupe plus gracieux, plus poétique et plus beau.

— Oh ! oui, soyons unis, dit-elle : nous avons devant nous bien des obstacles, des malheurs possibles, des chances mauvaises. Mais que ne peuvent contre les malheurs, les obstacles et les périls, six cœurs, six jeunes cœurs, liés par la même pensée, fortifiés par le même amour, gardés par le même courage ?

Pendant qu'elle prononçait ces paroles, il y avait

dans son regard, dans sa voix, une autorité, une force, un enthousiasme auquel personne n'eût résisté.

— Ordonnez, disposez de nous ! s'écria Claude Rioux.

— M. de Tervaz va partir, reprit-elle : il va traverser des mers, affronter des périls : dans quelques semaines, il y aura des mondes entre nous : c'est donc à lui que nous devons penser, nous qui restons ensemble !

— Eh bien ! répondit Claude, si jamais M. de Tervaz a besoin de Dominique ou de moi, qu'il nous demande ou nous fasse demander ; au premier appel nous accourrons.

— Merci, mes amis, j'accepte, dit Gaston.

— Et quel sera le mot d'ordre, si quelque raison de prudence vous empêchait de vous nommer ? demanda Dominique Ermel.

Gaston regarda mademoiselle de Perne ; il se souvint du nom de son vaisseau, et il répondit : *Maria, le Lys.*

— Il faut encore, dit Claude, choisir le lieu où monsieur de Tervaz pourra être sûr de nous retrouver.

— Je propose, dit Julie, le cabaret de mon père : *Au poisson frais du Rhône*, à Avignon, sur le quai, une jolie statue de la Sainte-Vierge au dessus de la porte ; impossible de se tromper.

— Ainsi donc, reprit Gaston, si de loin ou de près, j'ai besoin d'un de vous ou de vous tous, le lieu, ce sera le cabaret de Thibaut ; le mot d'ordre, ce sera : *Maria, le Lys*.

— C'est convenu ! répliquèrent Claude et Dominique.

— Voilà qui est bien, dit mademoiselle de Perne dont l'émotion ne se trahissait que par l'éclat presque fébrile de ses yeux : maintenant, Gaston, adieu et espoir ! voici ma main ; serrez-la sans crainte ; elle est courageuse et loyale : voici mon front ; il ne renferme pas une pensée qui ne soit à vous ; scellez-y de vos lèvres le pacte que nous venons de conclure !

L'étrange fille présenta son front à M. de Tervaz ; ce mouvement, cette pose étaient si expressifs et si chastes, qu'ils ne pouvaient éveiller qu'un sentiment de respect.

— A présent, partez, voici l'heure ! ajouta-t-elle en montrant la grande route ; la voiture arrive, et nous devons nous quitter ici ; ne regardez pas en arrière ;

soyez digne de l'affection que vous inspirez et du pays que vous allez servir. Tant que vous vivrez, sachez que je vous appartiens. Si vous succombez, mon cœur descendra avec vous dans le tombeau, et y restera toujours. Adieu, Gaston, adieu, mon ami !

— Et n'oubliez pas, ajouta Claude, les deux noms, les deux mots d'ordre: *Maria*, et *le Lys*.

— Et le cabaret de Thibaut ! dit Julie en serrant la main de M. de Tervaz.

La lourde voiture avançait ; Gaston s'éloigna lentement ; il y eut encore quelques regards , quelques mouchoir agités : puis le jeune homme monta dans le coche, et au premier tournant de la route , tout disparut. Alors, seulement, mademoiselle de Perne, qui n'avait pas bougé de place, et qui regardait en silence la voiture s'enfuir à l'horizon, serra contre son sein ses deux compagnes ; et de ses yeux ardens s'échappèrent quelques larmes. Pendant toute cette scène, elle n'avait ni faibli, ni pleuré.

Quelques instans après, Dominique Ermel et Claude Rioux repartaient pour Avignon, l'âme remplie d'une nouvelle espérance.

Les trois amies rentrèrent seules au château, et la

comtesse de Vénéjan, embrassant sa petite-fille, lui dit avec un sourire plus triste que de coutume :

— Ma chère enfant, voici votre premier chagrin : Dieu veuille vous en épargner de plus irréparables et de plus amers !

Tels étaient les événemens qui avaient précédé le départ de Gaston de Tervaz ; telles étaient les précieuses images qui l'avaient soutenu pendant cette phase de sa vie, et qu'il rapportait intactes en revenant de sa longue et périlleuse campagne ; tels étaient les souvenirs qui lui avaient rendu plus affreuse encore la nouvelle du mariage de mademoiselle de Perne avec le vicomte de Varni.

Et cependant, avec cette confiance dans l'objet aimé, particulière aux affections vraies et qui résiste à tout, même à l'évidence, Gaston, après avoir lu le billet de Maria que Julie venait de lui remettre, n'eut pas un moment l'idée de lui désobéir, ni de douter d'elle.

— Je la verrai, murmurait-il : elle est perdue à jamais pour mon amour ; mais elle en est encore digne.

Et s'attachant avidement à cette pensée qui raffermissait son courage sans amoindrir sa douleur, Gaston dit un rapide adieu à Julie Thibaut, qui était restée debout sur la rive : puis il reprit le chemin de Villeneuve, dont la tour lui apparaissait de loin à travers la nuit comme un sombre et immobile fantôme.

L'ATTENTE.

III.

Après avoir quitté Julie Thibaut, Gaston de Tervaz, tout en s'acheminant vers Villeneuve, se demandait tristement ce qu'il avait à faire. Plus il était décidé à attendre de nouveaux ordres de madame de Varni et à lui obéir aveuglément, plus il comprenait la nécessité de garder, en attendant, un strict incognito. L'affreux soupçon dont il ne pouvait se défendre à l'égard du vicomte de Varni, cette renommée sinistre, le va-

gue et effrayant prestige de cette puisssance sans bornes, de cette volonté sans frein, tout prouvait à Gaston combien il devait tenir à rester inconnu tant qu'il
s'journerait dans le pays.

Livré à ces préoccupations qui venaient s'ajouter à
sa douleur et augmenter le désordre de ses pensées,
M. de Tervaz se trouva, sans s'en apercevoir, arrivé
à Villeneuve. La nuit était si noire, qu'il voyait à
peine pour se conduire. La rue où il entrait et qui
aboutissait à l'auberge où il avait laissé son cheval,
était déserte : aucune lumière ne brillait aux fenêtres ; aucun murmure ne sortait de ces maisons
qu'on eût dit dépeuplées ou habitées par des spectres :
les pas de Gaston retentissaient dans le silence et dans
le vide, et ces pas sonores semblaient se répéter derrière lui, à mesure qu'il avançait.

Tout-à-coup, pendant qu'il longeait une haute et
sombre muraille, coupée vers le milieu par une large
porte ogivale, un bruit étrange frappa son oreille ; c'é-
tait un chant grave, mesuré, s'élevant et s'éteignant
par intervalles ; bien qu'assourdi par l'épaisseur des
murs, ce chant, tantôt formé par une seule voix, tantôt repris en chœur et à l'unisson, arrivait distinctement jusqu'à Gaston, grâce au calme profond de cette

heure silencieuse ; il écouta plus attentivement, et il
entendit une voix mâle et forte entonner le premier
verset du beau psaume :

« *In te, Domine, speravi !.... Inclina ad me au-
rem tuam, et salva me !* »

C'étaient des religieux qui chantaient l'office de
nuit.

Rien ne saurait rendre l'effet que ces voix lointaines, ces hymnes d'espérance et de prière produisirent
sur l'âme déchirée de Gaston. Il se souvint alors avoir
entendu dire qu'il y avait à Villeneuve une Chartreuse célèbre ; il comprit que le hasard l'y avait conduit, et que nulle part il ne pourrait trouver une hospitalité plus discrète et plus sûre.

On a dit beaucoup de mal des couvens : on s'est
élevé avec violence contre ces puissances collectives
qui appauvrissaient l'humanité, en absorbant dans
leur unité multiple un nombre immense d'intelligen-
ces, de volontés et de richesses. Loin de nous l'envie
de protester contre ce progrès social qui, émancipant
les classes dépendantes et pauvres, a généralisé ces
deux droits de l'homme : posséder et penser ! Il en est
des phases de l'humanité comme des âges de l'individu, et des siècles de celle-ci comme des années de

celui-là. Enfant, elle a eu besoin des deux grandes tutelles féodale et religieuse, dont l'une possédait et l'autre pensait pour elle. Parvenue à la virilité, il est juste qu'elle exerce à son tour la gestion de cette double fortune ; mais des règlemens de comptes ne sont ni des procès, ni des invectives. Calomnier le passé, c'est insulter le présent ; car l'un est issu de l'autre, et c'est offenser un fils, que de faire injure à son père.

Oui, l'émancipation des masses est un progrès et un bonheur. Augmenter la valeur de l'individu, et par conséquent du mérite et de l'industrie personnelle ; offrir à cette industrie, à ce mérite, un sujet permanent d'émulation et d'ardeur, un idéal d'élévation et d'opulence d'où l'oisiveté peut faire déchoir le riche, où le travail peut faire monter le pauvre, cela est juste, cela est noble, cela est beau. Sans doute cette émancipation ne produit pas toujours les fruits qu'on devrait en attendre ; dans l'infinie variété de ses résultats, elle enfante d'autres misères, plus complètes, plus désolées peut-être ; mais celles-ci ont un avantage sublime : elles s'appartiennent. Vous vous souvenez de cet admirable passage du plus grand de nos penseurs : « L'homme n'est qu'un roseau, mais c'est un roseau pensant ; une vapeur, une goutte d'eau suffit

» pour le tuer ; mais quand l'univers l'écraserait,
» l'homme serait encore plus noble que ce qui le tue,
» parce qu'il sait qu'il meurt. » Eh bien ! l'on peut
dire aussi, que le pauvre est aujourd'hui le roi de sa
pauvreté, et qu'il n'était autrefois que le serf de son
bien-être. Assailli de privations et de douleurs, il en
souffre, mais il les domine : il sait qu'au fond de
cette misère même repose le principe immortel qui le
fait libre.

Mais il est un point de vue sous lequel les couvens
sont à jamais regrettables. Les âmes souffrantes, les
cœurs trop faibles ou trop grands pour leurs infortu-
nes, trouvaient dans ces mystérieux asiles un refuge
contre le monde et contre eux-mêmes : ils y entraient
agités, frémissans, comme ces navires qui conser-
vent encore dans le port quelque chose de l'agitation
et des secousses de la pleine mer ; peu à peu ils subissaient à leur insu l'influence de ce qui se passait
autour d'eux. L'habitude, ce désistement de l'esprit,
l'obéissance, cette abdication de la volonté, substituaient
aux emportemens de la passion, à la vivacité des souvenirs, aux sinistres conseils du désespoir, à cette soif
de l'impossible et de l'inconnu, grandeur et tourment
de l'homme en ce monde, je ne sais quelle uniformité
calmante qui tranquillisait ces âmes inquiètes, qui as-

sainissait ces cœurs malades. Ceux même qui ne se
sentaient ni le courage, ni le besoin d'entrer aussi
avant dans la vie monastique, ceux qui avaient encore
quelque chose à faire ici-bas, frappaient à la porte
des couvens, à titre de pèlerins et d'hôtes. Nul ne
leur demandait le secret de leur douleur, et si l'irrésistible penchant de ceux qui souffrent, les portait à se
confier à quelqu'un, ce n'était pas une curiosité vulgaire, c'était un pouvoir consolateur et sacré qui ac-
cueillait leurs confidences ; ils les sanctifiaient en les
épanchant ; ils se purifiaient la conscience en se sou-
lageant le cœur : lorsqu'ils se relevaient, la force leur
était revenue ; l'espérance leur semblait possible, et
ils rentraient dans le monde, consolés et raffermis.
Aujourd'hui nous avons changé tout cela : aux blessures de l'orgueil, aux déchiremens du remords, aux
aspirations infinies de l'imagination et du désir, aux
vertiges du désespoir, nous n'avons plus qu'à offrir un
asile suprême : le suicide : ce cloître où l'on ne prie
pas ; ce tombeau où l'on n'espère plus.

Il est facile de comprendre avec quel pieux empressement Gaston de Tervaz, en proie à une aussi poi-
gnante douleur, courut vers cette porte derrière laquelle il entendait des chants de résignation et de
prière : il frappa ; on lui ouvrit ; et, sans qu'il eût à

subir aucune question, il fut conduit dans une des cellules réservées aux voyageurs.

La Chartreuse de Villeneuve dont il ne reste plus maintenant que des vestiges, et dont les murailles, par une sorte de permission providentielle, ceinturent et abritent aujourd'hui le quartier le plus pauvre de la ville, s'étendait à mi-côte, dans une situation pittoresque et charmante. Les cellules avaient vue sur un vaste panorama, formé par les montagnes lointaines, Avignon, le Rhône, l'île de la Barthelasse, et auquel servaient de premier plan la jolie vallée de la Méjane et les arbres de la rive : au dehors tout était riant ; au dedans, tout était paisible ; les heures s'écoulaient, amenant le retour régulier des mêmes passe-temps, des mêmes travaux, des mêmes exercices ; et cette vie égale, combinant sa douce monotonie avec cette atmosphère sereine, avec ce beau paysage, formait un harmonieux ensemble où se fondaient, en se complétant l'un par l'autre, le calme de la nature et celui du cloître.

Le lendemain, Gaston de Tervaz en se réveillant dans sa petite cellule bien silencieuse et bien blanche, se crut un moment le jouet d'un rêve ; le froid brouillard de la nuit s'était dissipé : un joyeux rayon de soleil arrivait jusqu'à son lit; mais son premier regard rencontra une mâle et sombre figure qui le ramena au sentiment et au souvenir de la réalité : c'était Claude Rioux.

Claude, qui apportait chaque jour à la Chartreuse le produit de sa pêche, et qui, par conséquent, jouait un rôle d'autant plus essentiel dans les cuisines du couvent qu'on y faisait maigre toute l'année, était venu de grand matin à Villeneuve. Il avait vu à l'auberge le cheval laissé par M. de Tervaz, et, de questions en questions, sans commettre d'imprudence, grâce à cette sagacité d'induction, familière au paysan comme au sauvage, il avait fini par deviner que Gaston n'était pas parti et par se douter de l'asile qu'il avait choisi. Retourner à Avignon, voir Julie, la députer auprès de madame de Varni, prendre ses commissions, revenir à la Chartreuse, avait été pour Claude l'affaire de deux heures. Profitant de la liberté qu'on lui laissait dans l'intérieur, il était monté à la cellule de M. de Tervaz, et il se tenait debout à son chevet, attendant le réveil de notre héros qui, malgré cette série d'émotions et de douleurs, avait fini par s'endormir, vaincu et brisé par la fatigue.

Voilà comment le premier visage qu'avaient rencontré les yeux de Gaston, avait été celui de Claude Rioux ; voilà pourquoi le premier objet qu'effleura sa main en se tendant vers Claude, fut une lettre de madame de Varni : cette lettre était conçue en ces termes :

« Vous vivez et je suis mariée ; telle est l'idée qui domine l'affreux chaos de doutes, d'étonnemens, d'angoisses, de désespoir dans lequel je suis plongée : vous vivez et vous avez le droit de m'appeler parjure, moi qui n'ai jamais menti ; de m'appeler lâche, moi qui n'ai jamais faibli ; de m'appeler infidèle, moi qui n'ai aimé que vous, moi qui, portant le nom d'un autre, ose encore vous dire que je vous aime.

» Vous le savez, il y a deux ans, nous reçûmes ici la nouvelle de votre mort ; nos amis eux-mêmes y croyaient ; moi seule je demeurai d'abord incrédule : malgré des probabilités cruelles qui ressemblaient à l'évidence, une voix intérieure, plus puissante que tout, protestait en moi contre cette certitude ; elle me disait que vous viviez, que ce cœur qui s'était donné à moi et que j'avais accepté, n'avait pas cessé de battre. Superstition ou pressentiment, il me semblait qu'on ne mourait pas ainsi quand on était ainsi aimé ; il me semblait qu'à travers l'éloignement et l'espace, j'aurais dû recevoir quelqu'avertissement surhumain, et comme le contrecoup de cette mort qui me fiançait à un tombeau.

» Cependant, lorsque des semaines et des mois se furent écoulés sans amener aucun incident, aucun indice qui démentît les premiers bruits ; lorsque votre silence eût confirmé ce bulletin funèbre auquel j'avais refusé de croire, il fallut bien me rendre et partager enfin l'opinion de nos amis. Quelles furent alors mes tortures, avec quelle dévorante alternative d'abattement et de révolte je luttai contre cette conviction terrible qui pénétrait peu à peu dans mon âme comme un poison lent dans les veines... Oh! mon ami! ce souvenir seul fait trembler ma main ; n'exigez pas que j'essaie de vous le peindre : si vous étiez là, à mes côtés, je vous dirais : Regardez-moi! et je serais comprise et pardonnée !

» Je ne doutais plus : je n'espérais plus ; mais j'aimais encore, et ma pensée ardente, obstinée, errait sur l'Océan, cherchant la place où vous étiez tombé pour s'y ensevelir avec vous, lorsqu'à cet affreux malheur vint s'ajouter un malheur nouveau, plus affreux peut-être. Monsieur de Varni, dont je vous avais quelquefois parlé comme d'un ennemi de mon père, revint à Avignon, après quelques années d'absence.

Il me vit et il m'aima: vous ne savez pas , Gaston, ce que c'est que l'amour dans ces âmes violentes, dépravées, que rien n'arrête ou n'épouvante quand il s'agit d'assouvir leurs ardeurs fiévreuses. L'amour de M. de Varni devint bientôt une de ces passions implacables. Sous prétexte d'une réconciliation avec mon père, d'une transaction au sujet de leur grand procès, il trouva moyen de nous faire une visite ; je me vis forcée de l'accueillir. Nous nous mesurâmes du regard, et je me sentis la plus faible ; cette physionomie impérieuse et altière me glaça malgré moi. Instinctivement je compris cet amour bizarre, dévorant, fatal à qui l'inspire, funeste à qui l'éprouve, plus voisin de la colère que de la tendresse, de la haine que du dévoûment; je fis à M. de Varni l'honneur de le haïr et de le craindre ; c'était plus que je n'avais fait pour personne.

» J'eus bientôt des sujets de craintes plus précises : à ma grande surprise, je voyais mon père recevoir M. de Varni avec des marques d'empressement et de déférence. Incapable de dissimuler, je lui en demandai la cause, lui rappelant leurs vieux griefs, les dissensions des deux familles, et témoignant pour le vicomte une répugnance que j'exagérais encore, tant j'étais humiliée, irritée de l'im-

pression qu'il me causait. Mon père qui depuis quelque temps paraissait sombre et préoccupé, commença
par m'imposer silence avec une sorte d'autorité con-
trainte et craintive qui me donna à réfléchir; inquiète, effrayée, je le pressai de questions, et il m'a-
voua la plaie secrète qui le rongeait: nous étions
menacés d'une ruine complète, si M. de Varni gagnait son procès contre nous. Notre fortune, malgré
de brillantes apparences, avait reçu, depuis longues
années, de désastreuses atteintes. Vieilles dettes, train
dispendieux, gestion insouciante, fermiers insolva-
bles, intendans fripons, tout s'était réuni pour creuser
sous nos pas un abîme, prêt à nous engloutir si nous
succombions dans cette dernière lutte. La perte de ce
procès, ce n'était pas seulement la pauvreté; c'était
le déshonneur; car nos créanciers étaient nombreux
et nous n'avions plus assez pour les payer.

» Vous me connaissez, Gaston; la pauvreté m'ef-
frayait peu; mais le déshonneur! mais avoir à rougir
devant quelqu'un! cette pensée m'épouvanta; quoique bien ignorante en matière de chicane, je demandai à mon père de me mettre au courant de cette
affaire, embrouillée par soixante ans de procédure; et
bientôt, guidée par cet instinct qui nous fait tout comprendre, à nous autres femmes, je m'assurai que,

malgré le crédit de notre adversaire, notre cause était imperdable, grâce à une pièce importante, à un titre authentique que mon père avait entre les mains, et qui constatait nos droits depuis plusieurs siècles ; je lui montrai ce titre ; après un minutieux examen, il reconnut que j'avais raison ; et, un peu soulagé par ma découverte, il cessa de me presser davantage.

» Cependant M. de Varni continuait ses assiduités ; et, sans qu'il y eût encore entre nous d'explication positive, il était clair pour tous trois que le vicomte prétendait à ma main, et qu'il subordonnait à mon consentement sa rénonciation définitive à ce procès qu'il tenait suspendu sur nos têtes. Cette situation, ce *sous-entendu* révolta ma franchise ; un soir, je pris à part M. de Varni, et je lui déclarai que je n'étais pas libre ; je lui parlai de vous, de notre amour, de la promesse sacrée que nous avions échangée..... Pendant cette révélation, si vous aviez vu sa figure ! si vous aviez vu cette expression vindicative et féroce qui se peignit dans ses traits ! on eût dit qu'accoutumé à voir tout plier devant ses désirs, il eût voulu déjà broyer entre ses mains cet obstacle inconnu qui me disputait à lui ! Pourtant il se remit et me demanda des détails ; quand j'eus dit que vous faisiez partie de l'équipage du *Lys* : — Mais ce jeune homme est mort ! s'écria-t-il. — Je le crois, répliquai-je, mais je n'en ai pas la preuve, et d'ailleurs... — Et si je vous l'apportais, moi, cette preuve ? reprit-il ; je ne répondis rien ; trois semaines après, il arriva avec une lettre aux armes de France, qu'il me remit sans mot dire ; cette lettre, signée du ministre de la marine, attestait que le 17 juin 1753, à la suite d'un combat inégal contre les Anglais, le vaisseau le *Lys* avait été coulé à fond, que tout l'équipage avait péri sans aucune exception ; on nommait tous les morts, depuis le capitaine jusqu'aux simples matelots ; et votre nom y était !

» Je lus attentivement cette lettre ; j'y trouvai tous les caractères d'authenticité ; puis je la rendis en silence à M. de Varni. — Eh ! bien ? me dit-il. — Eh ! bien ! cette preuve ne me paraît que trop concluante ; mais je ne me crois pas libre pour cela ! j'ai donné mon cœur à M. de Tervaz ; ce cœur est mort avec lui, et ne peut plus être à personne ! — A ces mots, je vis M. de Varni blêmir de rage. Il eut, le jour même, un entretien avec mon père, dans lequel, précisant enfin la situation, il posa, comme son dernier mot, ou mon consentement au mariage, où la reprise du procès : vous pouvez imaginer, mon ami, quelles furent les supplications de mon père : cette alliance était magnifique, inespérée ! Elle remettait à flot notre fortune !

elle terminait des dissensions fatales ! M. de Varni
était riche comme un fermier-général, noble comme
le roi ; son crédit était immense, son amitié précieuse,
sa haine redoutable !... A tout cela j'opposai une résistance énergique ; je céderais, répondis-je ; malgré
ma répugnance, je consentirais à épouser M. de
Varni, si je croyais possible que nous perdissions ce
procès ; mais nos droits sont clairs, notre cause est
sûre ; vous le savez, je vous l'ai prouvé !... et pour
mieux convaincre mon père, je courus chercher les
papiers de famille qu'il m'avait montrés un mois auparavant... Désespoir ! humiliation et colère ! le titre
essentiel, indispensable, sur lequel reposait toute ma
confiance, ce titre n'y était plus ! Je cherchai, je furetai partout ; je fouillai, renversai, brisai les tiroirs ;
rien ! rien ! cette feuille précieuse était perdue, volée !...
dans l'égarement de ma douleur, j'osai d'abord soup-
çonner mon père ; fille coupable et sacrilége, je crus
que c'était lui qui, pour rendre nécessaire mon mariage avec le vicomte, s'était à dessein dépouillé de
cette dernière arme ! je le regardai, et j'eus honte de
mes soupçons ; il était aussi pâle, aussi troublé, aussi
désolé que moi... Plus de doute, c'était M. de Varni
qui, à prix d'or, avait corrompu un de nos domestiques, et fait dérober ce papier ! Mais comment le sa-

voir? Comment le prouver? Comment le faire croire?
Quelle était donc cette puissance mystérieuse, invisible, qui devinait tout, qui répondait à tout, qui triom-
phait de tout? Encore une fois, je me sentis écrasée;
ma force et ma volonté tremblèrent devant cette volonté et cette force.... Mon père était à mes pieds,
me priant d'épargner à sa vieillesse le dénûment et
la honte, de le sauver d'un mot, puisqu'un mot suffisait. J'eusse résisté à ses ordres, à ses menaces; je
fus émue de ses prières, de ses pleurs; je croyais as-
sister d'avance aux conséquences de mon refus : je
voyais, image horrible! mon nom, ce nom dont j'é-
tais fière, traîné dans la boue par des créanciers
irrités : il me semblait déjà que j'entendais les malé-
dictions de tous ceux que ruinerait notre ruine, que
notre pauvreté ferait pauvres! Et j'avais entre les
mains la preuve écrite, officielle de votre mort!...
Mon courage m'abandonna; j'eus peur de M. de
Varni, des larmes de mon père, de l'ignominie, de
tout... Pardonnez-moi, Gaston! j'eus peur et je dis
oui; vous savez le reste!

» Maintenant, figurez-vous deux ennemis mortels
qu'on forcerait de vivre enfermés dans le même espace, deux galériens rivés à la même chaîne : telle a
été la vie de M. de Varni, telle a été la mienne, après

cet affreux mariage. Comme tous les hommes assez riches pour acheter ce qu'ils n'ont pas, assez puissans pour briser ce qui leur résiste, M. de Varni n'avait jamais eu ni le besoin, ni l'envie d'analyser les événemens, les passions et les caractères; il faut être faible pour se donner la peine de deviner et de prévoir, et c'est pour cela, dit-on, que les femmes excellent à prévoir et à deviner. M. de Varni n'avait donc pas compris ce qui devait nécessairement arriver, dès que ce lien odieux serait formé : le sentiment bizarre que je lui avais inspiré, cet amour violent, furieux, doublé d'orgueil, l'avait soutenu pendant la lutte; il s'était proposé ma résistance à soumettre comme une victoire à remporter, un but à atteindre. Mais une fois parvenu à ce but, tout irrita son orgueil, tout froissa son amour; une barrière idéale, plus invincible que les obstacles réels, s'élevait entre nous, et au premier effort qu'il fit pour la rompre, il sentit que j'allais avoir ma revanche, et que désormais il serait le plus faible : il sentit que je lui avais dit vrai en lui disant que mon cœur était mort, et qu'en essayant de le ranimer, c'était vous encore qu'il trouverait dans ces cendres éteintes. Il avait réussi à éloigner un moment votre fantôme, pour arriver jusqu'à moi : succès stérile ! Depuis que rien ne nous séparait plus, votre fan-

l'âme était revenu là, à nos côtés ; pour moi comme
une chère et douloureuse image qui me servait de refuge ; pour lui, comme une vision vengeresse, victo-
rieuse, inattaquable, qui l'acharnait contre l'impossible ! Il y eut des scènes terribles, pendant lesquelles
mon courage me revint tout entier, pendant lesquelles, Gaston, je redevins cette Maria que vous avez
aimée. Cette jalousie posthume, cette colère qui ne
pouvait s'en prendre qu'à un nom, à quelque chose de
mort et d'inconnu, fut sa torture et son châtiment.
Bientôt, une haine effroyable, profonde au dedans,
sourde à la surface, naquit de cette situation, et s'empara de toute notre âme... Vraiment ! je n'aurais jamais cru pouvoir si bien haïr ! L'horreur instinctive
que je ressentais pour M. de Varni, me rendit clair-
voyante ; je saisis au vol des indices, des mots qui lui
échappèrent, alors que, dans les paroxismes de rage
que lui causaient mes froids mépris, il semblait prêt à
se trahir, à se vanter du mal qu'il avait fait, à retourner sur son propre cœur une lame invisible et
empoisonnée ! Je crus deviner qu'il y avait entre nous
des secrets de scélératesse et de crime ; je le soup-
çonnais, non seulement d'avoir fait dérober le papier
que j'avais vainement cherché, mais d'avoir obtenu,
par quelque moyen coupable, la lettre officielle qui

attestait votre mort ; mes conjectures ne s'arrêtaient pas là ; je ne trouvais plus ces crimes assez grands pour suffire à M. de Varni : tantôt je m'imaginais que vous étiez vivant, que vous m'aviez écrit, et qu'il avait intercepté vos lettres : tantôt c'était lui-même que je regardais comme votre meurtrier ; les idées les plus folles, les plus chimériques me traversaient l'esprit comme ces livides éclairs qui font paraître la nuit plus sombre. Sur ces entrefaites, mon père mourut miné par le chagrin et le remords ; il comprenait qu'il m'avait sacrifiée, et que j'étais malheureuse : seule au monde, en deuil de mon père, en proie à mes funestes et dévorantes visions, je me consumai peu à peu ; ma santé s'altéra... Gaston ! ce fut ma première joie ! Une coquette à qui son miroir dit qu'elle est embellie, n'a pas plus de plaisir que je n'en eus en voyant que je cessais d'être belle, que mon visage décoloré, ma taille amaigrie n'offraient plus que l'ombre de votre Maria ! Avec quel bonheur je reconnaissais chaque jour un nouveau symptôme de la haine de M. de Varni ! Tout me rendait odieuse à cet homme ; le souvenir de ce qu'il avait fait pour m'obtenir, les froideurs dont je l'humilie, la tristesse que j'ai apportée dans sa maison ; tout, jusqu'à la stérilité de notre union qui ne donne pas, qui ne donnera jamais d'héritier à son nom et à sa race! Voilà ma vie depuis dix-huit mois ; maintenant, Gaston, me pardonnez-vous? voilà ma vie ; quelque chose comme un mauvais rêve dont m'a tout-à-coup réveillée la voix de Julie, lorsqu'elle est accourue pour me dire que vous étiez vivant, que vous étiez ici, qu'elle venait de vous voir et de vous parler! Gaston, il faut que je vous aime bien, que je sois bien sûre de votre amour, pour vous dire ce que j'ai ressenti en apprenant que vous viviez : ce n'est pas de la joie, ce n'est qu'un changement de douleur !

» Oui, vous me pardonnez, je le sais, je le sens; vous vous dites que, dans ce partage de souffrances, vous trahi, moi mariée, c'est vous encore qui avez la meilleure part; je vous remercie, mon ami ; mais ce n'est pas assez : je veux vous voir une fois avant que vous repartiez pour toujours : je le veux comme je sais vouloir. N'est-ce pas que vous savoir là, à une demie-lieue, seul, malheureux, déçu dans toutes vos espérances, prêt à aller chercher la mort sur des mers lointaines, et vous laisser partir ainsi, n'est-ce pas que c'est impossible? D'ailleurs que sommes-nous maintenant l'un pour l'autre? Deux êtres pour qui ce monde n'est plus rien, qui tiennent plus à la mort qu'à la vie, et qui, penchés tous deux sur leur tombe, ont bien le droit d'échanger encore un regard et un adieu ! un regard, un adieu, est-ce donc trop quand on a tant souffert ? Gaston, je vous dis que je veux vous voir, et je vous verrai.

» Mais ce dernier bonheur, cette rencontre sancti-fiée d'avance et à laquelle je ne survivrais pas une minute, si vous m'y demandiez un bonheur coupable, il nous faut, ô honte ! l'entourer de précautions comme un vulgaire rendez-vous. Je vous l'ai dit, monsieur de Varni me fait peur ; je m'imagine toujours que son regard m'observe et me menace, que sa jalousie et sa haine m'environnent d'espions invisibles, qu'un mystérieux et magique pouvoir lui révèle ce qu'on voudrait lui cacher : étrange effet de cette terreur ! Il me semble qu'il sait déjà ou qu'il va savoir que vous êtes rentré en France, que vous êtes près d'ici ! Moi, si courageuse et si fière, la seule pensée, la seule image de cet homme me fait trembler et pâlir... Et puis, Gaston, vous l'avouerai-je ? (Vous m'avez ai-mée avec mes défauts ; je ne crains plus de vous les montrer ;) il y a quelque chose que je mets au dessus de notre amour, de ma haine, du désir même de vous revoir ; c'est mon honneur, c'est la pureté du nom que je porte ; c'est cette loyauté qui me fera descen-dre dans le tombeau sans une tache au front ! soyons

donc prudens, mon ami ; je ne vous dirai pas que
notre sûreté l'exige ; je vous dirai que mon honneur
le veut.

» Voici ce que je vous propose ; le cardinal Olbani,
délégué de notre Saint-Père, est attendu ces jours-ci
à Avignon, où il doit s'entendre avec le vice-légat et
un envoyé de la cour de France, pour tâcher de terminer enfin les éternelles discussions relatives aux
limites et à la possession du Comtat. En sa qualité de
cousin du vice-légat, et de parent du cardinal, M. de
Varni doit aller à sa rencontre, en grande pompe, et
lui faire une réception solennelle ; je suis trop souf-
frante pour l'accompagner ; cela nous donne le temps
nécessaire ; impossible de nous voir à Avignon : nous
aurions à redouter trop de regards, trop d'indiscré-
tions, trop de délateurs ! non ; j'ai tout calculé, et je
me suis arrêté au plan que je vais vous tracer.

» Dans le temps de notre bonheur, je vous ai souvent parlé de ce pavillon de Mignard que nous possédons
dans l'île de la Barthelasse, et qu'on nomme ainsi,
parce que cet artiste célèbre y a exécuté d'assez belles
peintures : lors de mon mariage, ce pavillon m'a été
donné par mon père, et depuis, j'en ai presque gardé
la jouissance exclusive ; c'est là que je viens quelquefois, avec Antoinette ou Julie, lorsque, me sentant

près de succomber à l'excès de mes souffrances, je
veux rafraîchir mon pauvre cœur par quelques heures
de rêverie, de souvenirs, de doux entretiens avec le
passé.

» Ce pavillon est situé vers le milieu de l'île ; ma
chambre qui occupe presque tout le premier et unique
étage, a une fenêtre qui donne du côté de Villeneuve.
Claude Rioux vient de me dire que vous étiez allé
demander l'hospitalité à la Chartreuse. Aussitôt je
me suis orientée, et j'ai reconnu que, grâce aux ri-
gueurs de novembre qui a dépouillé la campagne et
effeuillé les arbres, un flambeau allumé à ma fenêtre
serait parfaitement aperçu de la cellule où vous
logez. Ainsi, mon ami, faites-vous montrer par Claude
le pavillon de Mignard , reconnaissable d'ailleurs à
son toit en briques vernies ; que vos yeux en fixent
bien la place : puis chaque soir, à neuf heures, regardez dans cette direction ; et, le jour où vous verrez
briller cette petite lumière, cela voudra dire que je
suis au pavillon de Mignard et que je vous y attends.
Cette lointaine et tremblante lueur, Gaston, ce sera
notre dernière étoile en ce monde ; puis nous lèverons
les yeux au ciel ; c'est là que peuvent espérer encore
ceux qui n'espèrent plus.

» Je ne vous ferai pas l'injure de rien ajouter au

sujet de cette entrevue. Vous le savez, j'ai toujours été une fille étrange et déterminée. Rien au monde ne peut m'arrêter, tant que je ne crois point faire mal; mais rien au monde ne saurait obtenir de moi un pas de plus, lorsque j'arrive à la limite que je ne dois point dépasser. Non, Gaston, vous ne voyez, n'est-ce pas? dans ce rendez-vous, que ce que mon cœur y met d'avance! S'il pouvait y avoir entre nous quelque chose de plus que ce dernier adieu, je serais déjà sortie de la maison de M. de Varni, à la face de la ville entière; j'aurais couru auprès de vous et je vous aurais dit : Emmenez-moi !

» Maintenant adieu, Gaston, et au revoir! j'ai passé la nuit à vous écrire cette longue lettre ; mais, sûre que vous n'étiez pas parti, j'ai attendu, pour la fermer, le retour de Claude ; et c'est après l'avoir vu, que j'écris cette dernière page. A bientôt, mon ami! que vous dirai-je de plus? cette idée absorbe tout. Nous nous reverrons, et puis... le reste est silence, comme dit ce poète anglais que nous lisions quelquefois ensemble. A bientôt! n'oubliez pas le pavillon de Mignard, neuf heures, et la petite lumière... Hélas! la dernière fois que nous nous sommes vus, je vous disais de même : rappelez-vous le mot d'ordre : Maria, le *Lys*, et le cabaret de Thibaut; alors, c'était l'espérance, c'était le bonheur, c'était la vie ; maintenant c'est l'adieu suprême de votre Maria. »

Après avoir lu vingt fois et vingt fois porté à ses lèvres cette précieuse lettre, Gaston de Tervaz la plaça sur son cœur, comme un dernier talisman ; ensuite il congédia Claude Rioux avec un seul mot : obéissance ! et pour plus de prudence, il fut convenu que Claude ne reviendrait plus au couvent tant que Gaston s'y trouverait.

Rioux passa à la cuisine, se fit payer son poisson et sortit, sans parler à personne. Il venait de descendre le coteau dont la Chartreuse occupait la pente la plus voisine du Rhône, et il approchait des groupes d'arbres qui ourlent les bords du fleuve, lorsqu'à son grand déplaisir il rencontra son ennemi intime, son rival secret, le *bras droit* de M. de Varni, le garde-chasse Baptistin. Quoiqu'il n'y eût rien de bien extraordinaire à ce que Baptistin, obligé par état de vivre en plein air, parcourût les bords du Rhône à onze heures du matin, Claude, soit instinct de haine, soit à cause de la circonstance, ne put s'empêcher de tressaillir. Il trouva le regard du garde-chasse plus sinistre, sa physionomie plus fausse, son allure plus équivoque encore que de coutume, et, enfonçant son chapeau

sur sa tête, murmurant quelques mots qui ressemblaient à tout excepté à un salut amical, il poursuivit
rapidement son chemin ; nous laisserons Claude réfléchir à ce que cette rencontre pouvait avoir d'inquiétant
ou de fortuit, et nous retournerons auprès de notre
héros.

Tout homme qui a aimé, ou qui a connu un amoureux véritable, a pu faire une observation assez singulière ; c'est que la certitude de revoir, ne fût-ce qu'une
fois, la femme qu'on aime, suffit, sinon pour effacer
la douleur, au moins pour la suspendre. S'agirait-il
d'un dernier adieu, l'imagination qui s'élance d'ordinaire au delà de l'horizon, fait ici tout le contraire :
elle se limite, elle se renferme dans cette heure suprême, unique, qui lui est encore promise : au-delà,
il y a quelque chose sans doute ; le regret, l'abandon, le désespoir peut-être : qu'importe ! cet abîme
mystérieux et sans fond, l'œil se refuse à l'interroger
et à y croire. On aura à soi encore une heure ; voilà
tout ce qu'on sait : après, ou souffrira, on pleurera,
on mourra ; mais en attendant, l'on ne veut rien prévoir, et cette dernière espérance s'assimile les autres
pensées, comme des atômes qui se perdent dans un
rayon de soleil !

Gaston de Tervaz éprouva un sentiment analogue ;

il avait eu d'ailleurs un si affreux moment en apprenant le mariage de mademoiselle de Perne, qu'il se trouvait presque soulagé en se répétant qu'elle l'aimait toujours, qu'il avait fallu pour la décider des circonstances extraordinaires, et enfin, qu'il la reverrait! Cette idée le soutint pendant les premières journées qu'il passa à la Chartreuse. Il vivait dans l'attente de cette heure que ramenait chaque soir, et où, se renfermant dans sa cellule, dirigeant ses regards vers l'île, à l'endroit même que son œil de marin avait précisé d'une façon infaillible, il espérait voir briller cette petite lumière qui devait l'appeler au pavillon de Mignard. Puis lorsque neuf heures avaient sonné, et qu'un assez long espace de temps s'était même écoulé ensuite : « A demain ! » murmurait Gaston; et cette chance du lendemain redevenait son espoir et sa vie.

M. de Tervaz avait aussi l'âme trop élevée pour rester inaccessible au doux et imposant spectacle qui se renouvelait sans cesse sous ses yeux. L'immensité même de sa tristesse le prédisposait à ressentir plus vivement les idées et les images qu'éveille la vie monastique. Dans les vastes galeries qui entouraient le bâtiment intérieur, épanouissant sur l'azur du ciel leurs arcades sveltes et tréflées, lorsqu'il rencontrait ces religieux avec leurs longues robes blanches, leur re-

gard amorti, leur figure sereine, marchant de cette
allure lente, majestueuse de l'homme qui n'a plus à
demander à la vie rien d'assez important pour hâter
le pas, Gaston sentait une paix inconnue descendre
dans son cœur. Il suivait quelques uns des pieux
exercices du couvent; il écoutait ces sublimes prières
dont chaque verset semble soulever le temps vers l'é-
ternité, et il trouvait les douleurs humaines bien petites en face de cette paisible grandeur.

Bientôt, parmi ces religieux, qui échangeaient avec
lui un salut silencieux et grave, M. de Tervaz en re-
marqua un qui formait avec les autres un contraste
frappant et pénible. C'était un homme d'environ quarante ans, d'une haute taille, d'une figure très noble;
mais au lieu de cette physionomie un peu uniforme
que donnait, à la longue, aux traits des Chartreux
la similitude des sentimens et des habitudes, lui seul
portait sur son visage la trace encore visible de passions orageuses, de souvenirs douloureux, de remords
peut-être : il se nommait dom Valentin.

Chaque fois que Gaston rencontrait dom Valentin,
celui-ci le regardait avec une étrange expression d'intérêt, d'attention et d'anxiété. Le costume de M. de
Tervaz, qui était celui des officiers de marine en pe-

tite tenue, attirait surtout l'inquiète curiosité du Chartreux ; de son côté, notre héros, ne pouvait se défendre, en l'apercevant, d'une émotion dont il ne se
rendait pas compte ; car il était sûr de ne l'avoir jamais
vu. Guidé par cette espèce d'attraction bizarre, Gaston
fit bientôt d'autres remarques : dom Valentin paraissait se soumettre volontairement à un régime beaucoup plus sévère que le reste de la communauté. A
la chapelle, au lieu de prier et de chanter avec la
sécurité presque joyeuse des âmes pures, il passait
des heures entières, prosterné dans la plus humble
attitude ; et, en se relevant, il ne semblait pas con-
solé : il n'y avait dans ses grands yeux noirs ni sérénité, ni larmes. Au réfectoire, pendant que les autres
pères montraient une sorte de sensualité naïve en
dégustant l'excellent maigre qu'autorisait leur règle,
dom Valentin vivait de pain et d'eau. Dans ses habitudes, dans sa personne, dans sa piété même, tout
offrait l'empreinte d'une âme et d'une conscience
tourmentées.

Dix jours s'étaient passés, depuis l'entrée de Gaston
à la Chartreuse ; chaque soir, à neuf heures, il avait
attendu le signal ; et chaque soir son attente avait été
déçue.

Le onzième soir, long-temps avant l'heure, Gaston

était dans sa cellule, le cœur déjà palpitant. On était au 24 novembre ; une pluie incessante tombait depuis le matin : le ciel bas, chargé d'eau, paraissait plus noir encore, grâce à la lune qu'estompaient la pluie et les nuages, et dont la lueur fausse et blafarde laissait apercevoir l'immense et humide voile qui enveloppait toute l'atmosphère. Le vent du midi faisait entendre à travers les galeries du couvent sa plainte monotone et désolée ; l'ondée toujours croissante venait fouetter contre les vitres.

En ce moment, on frappa à la porte de la cellule de Gaston : c'était dom Valentin.

— Veuillez me pardonner, dit-il : vous trouverez sans doute ma présence bien importune, ma curiosité bien indiscrète ; mais une force invincible m'attire vers vous ; votre costume, votre âge, la tristesse que j'ai lue sur votre front, et qui est bien rare à vingt ans, tout fait naître dans mon esprit une idée, un pressen- timent dont il faut que je me délivre : vous êtes, n'est-ce pas, officier de marine ?

— Oui, mon père, répondit Gaston un peu étonné.

— Et oserai-je vous demander à bord de quel vais- seau vous avez fait vos premières campagnes ?

— A bord du *Lys*.

A ce mot, le Chartreux pâlit; et ce fut avec un trouble visible qu'il reprit :

— Alors vous avez probablement connu un jeune homme nommé Gaston de Tervaz?...

— Gaston de Tervaz! c'est moi-même.

— Vous! vous! s'écria dom Valentin; et, par un mouvement si rapide que Gaston ne put le prévenir, il se jeta à ses pieds.

— Mais, au nom du ciel, qu'y a-t-il donc? demanda M. de Tervaz, au comble de la surprise.

— Il y a, que je suis un coupable, un infâme, et que votre vue, votre nom me rappellent ma faute et ma honte; depuis un an, je demande à Dieu de me pardonner; à et vous aussi, j'ai à vous demander votre pardon !

— Mon pardon? Et pourquoi? je ne vous ai jamais vu, nous ne nous sommes jamais rencontrés.

— Mais je vous connais, moi, et la preuve, c'est que je vais vous dire pourquoi vous êtes ici. Vous êtes venu, espérant retrouver libre encore une femme que vous aimez et qui porte aujourd'hui le nom d'un autre; cette femme a été trompée; elle a cru que vous aviez péri avec tout l'équipage du *Lys*; elle ne s'est mariée qu'après avoir eu entre les mains une lettre officielle, irrécusable, certifiant que vous étiez mort...

— Oui, c'est bien cela, dit Gaston, horriblement troublé à son tour ; mais comment le savez-vous?

— Cette lettre, c'est moi qui l'ai écrite, dit le Chartreux à voix basse.

— Vous ! mon père !.. Et que vous avais-je donc fait ? que vous avait fait mademoiselle de Perne? s'écria Gaston en se détournant.

— Ah ! je le savais bien que vous me repousseriez ! reprit dom Valentin les mains jointes : vous ne pouvez me pardonner, et c'est pour cela que mes remords sont affreux, que mes prières sont stériles ! Dieu refusera de m'absoudre, tant que vous me maudirez !

— Voyons, mon père ! dites-moi tout ! interrompit Gaston déjà touché de cette profonde douleur.

— Permettez-moi seulement de vous taire mon vrai nom : hélas ! il est illustre ; il vous ferait aisément comprendre la position que j'ai occupée dans le monde, et comment j'ai pu avoir entre les mains quelques unes de ces armes qui servent aux bons pour le bien, aux méchans pour le mal. J'ai fait partie de cette jeunesse de notre siècle, si brillante et si dépravée. C'est à Paris, au milieu des fêtes et des plaisirs, que je rencontrai M. de Varni ; je me liai avec lui... Commencez-vous à comprendre ?

— Oui, répondit Gaston d'une voix sourde.

— Je me liai avec lui ; nous avions les mêmes passions, les mêmes audaces, la même haine des obstacles, le même mépris des scrupules : un jour, il me rendit un de ces services dont l'honneur mondain décuple le mérite et la valeur : — Vicomte, lui dis-je alors, c'est désormais entre nous à la vie et à la mort ; j'ai quelque crédit ; si jamais vous avez besoin de moi, je serai à vos ordres ! — Quelque temps après, M. de Varni partit pour Rome ; nous nous perdîmes de vue, et je ne songeais déjà plus à ma promesse, lorsqu'il y a deux ans, je reçus de lui un billet d'un laconisme fort expressif : « Je viens, me disait-il, réclamer vos bons offices. Vous avez tout pouvoir au ministère ; *il faut* qu'un jeune homme, nommé Gaston de Tervaz, enseigne à bord du *Lys*, ait péri dans le combat contre les Anglais ; *il faut* que la preuve écrite, officielle de cette mort me soit envoyée ici : j'en ai besoin pour remplacer ledit Gaston auprès d'une belle éplorée, qui veut absolument être sûre de son veuvage anticipé, avant de permettre à votre serviteur de la consoler en l'épousant. Signé, le vicomte de Varni. »

— Voilà donc comment ces hommes parlent des affections les plus pures et les plus saintes ! interrompit Gaston qui, par une délicatesse de cœur plus facile à comprendre qu'à expliquer, fut moins frappé d'abord du fait en lui-même, que du ton de cette lettre.

— Par grâce, laissez-moi achever... Je m'acquittai de la commission de M. de Varni ; ce ne fut alors à mes yeux qu'une de ces aimables peccadilles, un de ces crimes charmans que l'amour excuse, comme nous disions dans le monde ; et pourtant, il y a dans tout ce qui ressemble à un *faux* quelque chose de si odieux pour les gens d'honneur, que votre nom me revenait par fois à l'esprit comme un importun souvenir. Aussi mon trouble fut grand, lorsque j'appris, six mois plus tard, par une dépêche de l'Amirauté anglaise, que le jeune Gaston de Teryaz avait survécu au désastre du *Lys*, qu'il était prisonnier à bord d'un vaisseau anglais ; qu'il s'était conduit en brave, et qu'on demandait pour lui le grade de lieutenant et la croix de Saint-Louis. De ce moment datèrent mes remords : je cherchai vainement à m'étourdir en redoublant de dissipation et de folies ; puis, pour me distraire, pour échapper à moi-même, je voulus voyager ; je partis pour l'Italie, et en passant à Avignon, j'allai faire une

visite à mon ancien compagnon de plaisirs, à M. de
Varni... Monsieur! je n'étais pas chez lui depuis une
heure, que j'avais mesuré toute la portée de ma faute;
j'avais compris tout le mal que j'avais fait... Il me
semble voir encore la sombre tristesse de cet intérieur,
les vains efforts du vicomte pour me donner le change,
et par dessus tout la pâle figure de madame de Varni!
Qu'elle était belle encore, malgré les ravages de la
douleur! Quelle révélation pour moi dans ce visage
amaigri, dans ce regard d'une ardeur fébrile, dans
cette attitude morne et désolée! Ce fut une journée
de supplice; dix fois, je fus sur le point de me jeter
à ses pieds et de tout lui dire... J'eus peur d'elle et
honte de moi... Hélas! je n'étais pas au bout de mes
angoisses; on ne cache rien à ses complices, et M. de
Varni m'apprit que pour arriver jusqu'à mademoiselle
de Perne, pour donner à son orgueil cette satisfac-
tion stérile, il avait fait bien plus et bien pis encore...
Oh! non, je ne vous dirai pas ce qu'il avait fait... Mais
ce récit, l'aspect de cette maison, la vue de madame
de Varni, le désordre de mes pensées, une grâce du
ciel peut-être, tout me saisit, m'entraîna; je pris la
fuite, et, guidé par le doigt de Dieu, je vins m'enfer-
mer à la Chartreuse... Vous aussi, vous y êtes venu,
poussé par les déchiremens de votre cœur, par l'image

de cette femme ; mais, plus heureux que moi, la douleur seule vous y a conduit ; moi, c'est le remords !...
un remords affreux, incessant, implacable, que n'a pu calmer une année d'austérités et de prières ; car au moment même où je prie, j'ai toujours devant moi le pâle visage de madame de Varni me redemandant son bonheur ; je crois toujours entendre votre nom s'élever entre Dieu et moi, pour m'accuser et me maudire ! Ah! je vous le répète, pour que Dieu me pardonne, il me faut votre pardon !...

Gaston hésita un moment, puis il tendit la main à dom Valentin, et lui dit d'une voix douce et triste : Relevez-vous, mon père ; je vous plains, et je vous pardonne !

Le Chartreux le remercia d'un regard où se peignaient une reconnaissance ineffable, une humilité profonde ; sans doute cette confidence et ce pardon avaient soulagé son cœur d'un poids terrible, car sa physionomie, jusque là si sombre et si agitée, redevint paisible et sereine.

Cependant il retenait dans sa main la main de Gaston, comme s'il avait encore à lui parler : au même instant, huit heures et demie sonnèrent à l'horloge du couvent ; c'était l'heure où commençait l'office du soir ; et, de la cellule de Gaston, on entendit la voix des Chartreux qui chantaient :

« *Deus, in adjutorium meum intende : domine, ad adjuvandum me festina !* »

— Il faut que je vous quitte, dit dom Valentin à Gaston ; pour la première fois, depuis un an, je vais prier avec calme, presque avec joie ! mais, avant de vous quitter, ô mon fils ! (permettez ce nom à ma tendresse, à ma reconnaissance, à la sainteté de ma robe) j'ai encore une demande à vous faire ; votre pardon ne me suffit plus ; il me faut votre confiance... Mon fils, que faites-vous, qu'attendez-vous ici ?

Gaston eut encore un moment d'hésitation ; il regarda dom Valentin, et il trouva tant de noblesse et de douceur dans ces traits que n'assombrissaient plus tourmens de la conscience, que, cédant à ce besoin les d'expansion, familier à la première jeunesse, il reprit d'un ton de mélancolie affectueuse :

— Je compte partir incessamment pour Brest où me rappellent mon vaisseau et mon grade...

— Et, avant de partir, vous n'êtes venu ici que pour retrouver la paix du cœur, pour prier le Dieu qui console? demanda le Chartreux, en regardant Gaston avec une sorte d'anxiété pénétrante.

— Avant de partir, je veux la revoir une fois, et j'attends.

— Ah! voilà ce que je craignais! s'écria dom Valentin en proie à une nouvelle angoisse : oh! Gaston! je vous en prie! Par pitié pour Elle, pour vous, pour moi, ne la revoyez plus! Oui, je le sais bien; c'est exact, c'est affreux : quand on n'a plus qu'un amour, qu'une espérance, partir ainsi, sans se dire adieu! Pour ce moment espéré, on donnerait sa vie, on affronterait mille morts... mais, Gaston, je vous en conjure, songez aux périls auxquels vous exposez cette femme..... Faites-lui encore ce sacrifice.... Partez, partez sans la revoir!...

— Pas encore ; ce n'est pas possible, répliqua Gaston, l'œil toujours fixé vers la fenêtre, dans la direction du pavillon de Mignard.

Les voix lointaines chantaient toujours :

« Deus, deus meus, eripe me de manu peccatoris! »

— Oh! je n'ai plus qu'une minute! reprit dom Valentin; je cherche en vain des paroles qui vous persuadent et qui vous sauvent... Gaston, vous ne savez pas encore ce que c'est que M. de Varni : vous ne savez pas qu'il a ici un pouvoir sans bornes, qu'il est assez riche pour acheter tous les secrets, assez méchant pour commettre tous les crimes.... Vous ne savez pas que sa volonté impitoyable anéantit tout ce qui le gêne, brise tout ce qui l'arrête !

— Je le sais, répondit Gaston sans changer d'attitude.

— Vous ne savez pas qu'il a fait voler les papiers de M. de Perne ; vous ne savez pas qu'il a fait assassiner Jean Peyrol ! s'écria le Chartreux poussé à bout par son désespoir.

— Je m'en doutais, j'en étais sûr, répliqua M. de Tervaz.

— Mais il vous tuera aussi, vous !... Oh ! par grâce, ne la revoyez pas !... Partez, partez tout de suite !

Au moment où dom Valentin prononçait ces derniers mots, l'horloge sonna neuf heures ; en même temps, dans le lointain, à la place même qu'interrogeait son regard avide, Gaston vit poindre une petite lumière, bien faible, bien tremblottante d'abord, mais qui se fixa peu à peu, et brilla, immobile, à travers les masses noirâtres. Aussitôt le jeune homme, se retournant vers dom Valentin, qui le suppliait toujours, et se cramponnait à ses habits pour le retenir, lui dit avec une énergie effrayante :

— Mon père, priez pour Elle et pour moi! car maintenant aucune puissance humaine ne pourrait m'empêcher de la revoir!

Et saisissant son manteau à la hâte, il s'élança hors de la cellule.

— O mon Dieu! prenez mon sang et ma vie, et sauvez ces pauvres enfans! murmura dom Valentin en retombant à genoux sur la dalle.

Au dehors, la pluie redoublait; au dedans, on entendait les voix qui reprenaient en chœur :

« *Deus! deus meus, eripe me de manu peccatoris!... avertantur retrorsum qui volunt mihi mala!* »

LE PAVILLON DE MIGNARD.

IV.

Un homme moins résolu et moins amoureux que
ne l'était Gaston de Tervaz, aurait eu peine à se défendre d'un certain trouble en descendant la colline
de Villeneuve et en cherchant son chemin dans l'obs-
curité ; le temps était vraiment horrible ; à tout moment, Gaston sentait des bouffées d'un vent chaud et
pluvieux s'engouffrer dans son manteau et embarras-

ser sa marche. Quelquefois son pied glissait sur le talus humide, détachant une pierre qui roulait avec bruit de pente en pente. De larges flaques d'eau miroitaient, çà et là, à la pâle clarté de la lune qu'on apercevait de temps à autre dans les rares éclaircies des nuages, comme un vaisseau désemparé fuyant à travers les vagues. Le *buveur d'huile*, ce sinistre oiseau de nuit que la superstition populaire représente comme hantant les églises et vivant du contenu des lampes sacrées, faisait entendre le long des vieux murs le frôlement de ses ailes en poussant son petit cri plaintif, semblable au gémissement d'un enfant malade.

A mesure qu'il approchait du Rhône, Gaston éprouvait quelque inquiétude. Seul et ne connaissant pas le pays, il se demandait comment il pourrait, à cette heure et avec un temps pareil, passer dans l'île de la Barthelasse. Cependant, comme depuis quelques jours il avait fait abnégation de toute volonté personnelle pour obéir passivement à madame de Varni, il pensait qu'elle aurait tout prévu, et il ne se trompait pas. Elle avait d'abord songé à envoyer à sa rencontre Claude Rioux avec son bateau : un sentiment de pudeur bien naturel l'avait fait hésiter à se confier à un homme (si dévoué qu'il fût), dans une circonstance aussi délicate. D'ailleurs la fidèle Julie lui avait aisé—

ment démontré que s'il y avait quelqu'espionnage à craindre, Claude en serait le premier objet : Baptistin le haïssait ; on savait qu'il était constamment aux ordres de madame de Varni : enfin sa vie en plein air le rendait beaucoup trop facile à surveiller. En conséquence, Julie avait conclu que c'était à elle, à elle seule que revenait, encore cette fois, le pénible et périlleux honneur de servir de batelier à M. de Tervaz. En vain madame de Varni lui avait objecté la fatigue, le mauvais temps, le danger possible. La courageuse jeune fille avait eu réplique à tout, et Maria avait fini par lui avouer, en l'embrassant, que son offre répondait aux secrètes préférences, aux secrets désirs de son cœur.

Ce fut donc Julie Thibaut que Gaston trouva, debout sur la rive, et guettant son arrivée. Cette fois elle se fit connaître tout de suite, afin d'abréger hésitations et cérémonies : puis d'un geste, elle lui montra le bateau ; Gaston sauta dedans, s'empara d'une des rames ; Julie prit l'autre, et ils se dirigèrent vers l'île.

La pluie ne discontinuait pas : Gaston et Julie n'échangeaient que peu de paroles ; le jeune homme était si ému que sa main frémissante avait peine à

tenir la rame. La force du courant rendait la traversée difficile ; enfin, ils abordèrent : mais Julie remar-
qua, non sans anxiété, que le Rhône grossissait, et
que l'anneau de fer d'où elle avait détaché le bateau,
quelques heures auparavant, se trouvait maintenant
à fleur d'eau : le fleuve envahissait déjà le pied des
saules qui croissaient sur la grève limoneuse, et venait battre la chaussée avec un clapotement lugubre.
En observant ces indices avec ce coup d'œil sûr qui
ne trompe presque jamais les riverains et les pêcheurs
du Rhône, Julie se sentit saisie, malgré elle, d'une
idée vague et terrible. Quant à Gaston, il était si absorbé par son amour, la pensée qu'il allait voir madame de Varni le transportait si complètement hors
du monde réel, qu'il ne s'aperçut de rien, et Julie
n'eut pas le courage de lui faire part de ses remarques.

En mettant le pied sur la rive, M. de Tervaz vit
plus distinctement la petite lumière qui brillait comme
un phare à travers les arbres. Quelques minutes après,
il touchait au pavillon de Mignard, toujours guidé par
Julie, qui, l'œil et l'oreille au guet, ne lui permettait
d'avancer qu'après s'être assurée qu'il n'y avait rien à
craindre. Au moment où Gaston effleurait une des
fenêtres du rez-de-chaussée, qui donnait de plain pied

sur la campagne, la fenêtre s'entrouvrit sans bruit, et une petite main sortit de l'intérieur ; cette main brûlante attira à elle le jeune homme dont le cœur battait si fort, qu'il se laissait faire comme un aveugle ou un enfant. Ensuite elle le conduisit, à travers les ténèbres, hors de la salle où il venait d'entrer. Elle lui fit monter un escalier en colimaçon ; puis elle poussa une porte, et Gaston se trouva dans une chambre éclairée, qui était celle de Maria. Alors seulement elle se retourna vers lui ; et lui, sans lâcher cette main divine qu'il avait bien reconnue, il tomba à ses genoux. Julie qui les avait suivis sur la pointe du pied, voulait discrètement se retirer : « Julie, mon enfant, reste ! tu n'es pas de trop ! » lui dit madame de Varni : par ce seul mot, elle déterminait le caractère de ce rendez-vous, à la fois si mystérieux et si loyal, si hardi et si chaste.

Le pavillon de Mignard était bâti sur le modèle de presque toutes les maisons de plaisance que possédaient, soit dans l'île de la Barthelasse, soit sur une des deux rives, les grands seigneurs ou les riches bourgeois d'Avignon. Les cuisines, l'office et les communs avaient été pratiqués au dessous du sol, et formaient une sorte de galerie souterraine qui préservait le bâtiment de l'humidité. Une terrasse demi-circulaire, entourée d'une svelte balustrade, précédait la porte d'entrée ; un étroit vestibule ouvrait à droite sur le salon, à gauche sur la salle à manger, et conduisait à un escalier tournant, d'une hardiesse et d'une élégance charmantes. La même distribution se répétait au premier étage ; au dessus de la salle à manger était la chambre du marquis de Perne ; depuis sa mort on ne l'avait pas ouverte. Au dessus du salon, se trouvait l'appartement de Maria, composé d'une chambre ravissante, arrangée de façon à profiter, en été, du moindre souffle d'air, en hiver, du moindre rayon de soleil : on y avait vue, au midi, sur Avignon et son paysage ; au nord, sur Villeneuve, la jolie colline de Sauveterre et les beaux rochers de Four, d'un ton riche et splendide, digne du pinceau de Decamps ou de Paul Huet. Mais, pour la rendre plus régulière et plus spacieuse, l'architecte s'était contenté de ménager dans l'épaisseur du mur, un mince cabinet de toilette, qui ne prenait jour que par un petit œil-de-bœuf, donnant sur la chambre et à demi-caché par le baldaquin du lit. On entrait dans ce cabinet par une porte bâtarde, masquée dans la tapisserie.

Tout ce que le luxe, les arts, l'élégance innée, le goût héréditaire, peuvent inventer de raffinemens et de recherches, était réuni dans cette habitation de

quelques pieds carrés. Dans la belle saison, la terrasse se couvrait de grands vases florentins, renfermant des plantes exotiques, qui étaient, à cette époque, d'une rareté presque royale. Dès qu'arrivaient
les premiers frissons de l'automne, ces vases se réfu-
giaient dans une serre-chaude vitrée, communiquant
avec la salle à manger par une large glace sans tain,
et créant ainsi pour les convives un parterre éternel,
insoucieux de la neige et du givre. La porte d'entrée avait été sculptée par le célèbre Guillermain :
elle représentait une scène de chasse, d'un mouvement et d'une fougue merveilleuse. La tenture du
salon était en cuir de Cordoue; le dessus de porte,
le trumeau de la cheminée et le plafond, peints par
Mignard dans ce style recherché et un peu flamboyant
qui caractérise son école, avaient fait donner au pavillon le nom du peintre. Dans la salle à manger,
toute lambrissée en plein chêne, on admirait deux
bronzes florentins, de la meilleure époque, qui or-
naient de leur groupe magistral deux consoles en or
ciselé. Des poteries de Faenza et de Florence, des ver-
res de Venise, des porcelaines de Chine, des potiches
aux ventres obèses, aux cols déliés, nuançaient de
leurs couleurs changeantes l'ébène des bahuts et des
dressoirs. La chambre de madame de Varni conservait

le caractère d'élégante et virginale simplicité qu'elle
offrait avant son mariage ; rien n'y avait été changé.
Son principal ornement était un magnifique crucifix
d'ivoire, de Guillermain, digne rival de celui qu'on
admire encore dans la chapelle de la Miséricorde. Les
rideaux du lit et des fenêtres, en simple mousseline,
harmoniaient leur vaporeuse blancheur avec le lam-
pas bleu-pâle de la tapisserie. A droite de la cheminée, était un prie-Dieu gothique, surmonté d'une
copie réduite de la *Vierge à l'enfant*, de Raphaël ; à
gauche, sur un socle de marbre rose, une coupe de
Sèvres, où Maria aimait à poser chaque soir quelques
fleurs cueillies au hasard dans le jardin ou dans la
serre.

Si, après les luttes et les souffrances dont j'ai essayé
de donner une idée, madame de Varni avait pu encore prendre intérêt à quelque chose en ce monde,
c'eût été au pavillon de Mignard ; si elle eût pu goûter
encore un peu de bonheur, un peu de joie, c'eût été
en s'y retrouvant. Ce qui lui faisait aimer cette habitation charmante, c'était le souvenir des fraîches années où elle était libre encore, où elle y revenait, chaque printemps, avec son père : elle s'y rappelait surtout cette dernière année qui avait précédé le départ
de Gaston, et où, loin de lui, seule avec son amour,

en face de cette nature fertile et riante, elle avait senti cette affection croître et grandir dans son jeune cœur : ce pavillon lui appartenait exclusivement; elle s'en était réservé la jouissance par son contrat de mariage, et M. de Varni y avait à peine mis le pied. Elle y venait de temps à autre, passer quelques jours avec Julie ou Antoinette ; ces jours mélancoliques et doux étaient la seule distraction de sa vie. Personne n'y était admis que ces deux jeunes filles, et madame de Varni poussait, sous ce rapport, à l'extrême, l'ombrageuse délicatesse de ses exclusions et de ses scrupules. Ainsi elle n'avait pas voulu confier le soin du parterre et des vases à un des jardiniers de M. de Varni : c'était elle seule qui s'occupait de ses chères fleurs, aidée d'Antoinette et de Julie. Elle n'y conduisait pas même de femme de chambre; c'était encore une de ses deux compagnes qui en faisait les fonctions auprès d'elle ; et cela, bien entendu, sans aucune idée de commandement ou d'infériorité , mais uniquement parce qu'elle les aimait, et qu'on n'humilie point ceux qu'on aime.

C'est là, dans cette chambre, réchauffée par un feu clair et pétillant, doucement éclairée par une lampe d'albâtre, embaumée par le vague et mystérieux parfum de quelques roses tardives, que madame de Varni reçut Gaston de Tervaz, tout trempé par l'orage, tout frémissant d'émotion et d'amour. — Gaston, lui dit-elle, maintenant me pardonnez-vous ? — Vous pardonner ! moi ! je vous aime ! murmurait le jeune homme à ses genoux, les lèvres collées sur sa main qu'elle lui abandonnait avec délices.

Pendant que ces pures et enivrantes tendresses faisaient palpiter ces nobles cœurs, et leur versaient, au moins pour quelques heures, l'oubli de leurs souffrances, il se passait, sur l'autre rive du Rhône, du côté d'Avignon, une scène d'un caractère bien différent. Sous la première arche du pont Saint-Bénézet, deux hommes qui paraissaient s'être donné rendez-vous, s'abordaient en se parlant à voix basse : ils étaient enveloppés dans de larges manteaux ; l'un était de haute taille ; l'autre petit et trapu.

— Gredin de temps ! mais ma soirée n'est pas perdue ! dit le plus petit en secouant son manteau qui ruisselait.

— Eh bien ? Baptistin, qu'y a-t-il ? demanda le plus grand.

— Il y a, Monsieur le vicomte, que nous ne nous étions pas trompés, et que le tourtereau est au nid, le lièvre au gîte.

— En es-tu sûr ?

— Très sûr : les bavardages de cet imbécile de Thibaut nous avaient mis sur la piste ; et je suis un trop bon chien pour me fourvoyer : le jeune homme qui était venu, il y a onze ou douze jours, au cabaret du *Poisson frais*, qui s'y était enfermé avec M. Ermel et ce vaurien de Claude Rioux, que le diable confonde...

— Eh bien ! ce jeune homme ?

— C'était bien M. de Tervaz ; pas moyen d'en douter maintenant ! après avoir passé une heure avec eux, il est reparti pour Villeneuve, et j'ai eu lieu de croire qu'il s'était logé à la Chartreuse, parce que j'ai vu le lendemain Claude rôder autour du couvent. C'est alors que j'ai questionné l'aubergiste chez qui notre jeune homme a remisé son cheval : il ne l'avait vu qu'un moment, à la lueur de sa lanterne ; mais il me l'a dépeint : mince, vingt-deux ans à peine ; sous son manteau un petit uniforme ; les yeux brillans comme d'une espèce de fièvre ; le visage pâle ; l'air malade ; la voix brève et agitée.

— C'est cela, je le sens à ma haine, dit en frémissant M. de Varni.

— Oh ! oui, c'est bien cela, Monsieur le vicomte, reprit Baptistin ; et ce n'est pas pour rien que je vous

ai conseillé de feindre d'avancer votre départ pour
Lambesc, où vous deviez aller faire réception à M. le
cardinal : la précaution n'était pas mauvaise, et le jour
a été bien employé, je vous en réponds.

— Achève, murmura le vicomte dont les mains crispées se tordaient sous son manteau.

— Quelques heures après votre prétendu départ,
madame la vicomtesse est allée au pavillon de Mignard... Je demande si c'est là un temps à faire trouver la campagne agréable ! continua Baptistin en montrant les nappes de pluie, qui, poussées par la rafale,
venaient leur fouetter le visage, malgré la largeur de
l'arceau sous lequel ils étaient abrités. Madame me
croyait parti avec vous ; mais, bernicle ! sans qu'elle
se doutât de rien, je l'ai vue s'embarquer avec Julie :
alors j'ai traversé le Rhône ; je me suis posté derrière
un arbre, entre Villeneuve et le bord, et suis resté là,
sans bouger, comme un braconnier à l'affût. Vers neuf
heures, j'ai vu passer un homme marchant comme un
fou et recevant la pluie sans avoir l'air de la sentir ; je
n'ai pu en voir davantage ; car je ne me souciais pas
de m'exposer à être aperçu : mais, au bout de quelques minutes, j'ai distinctement entendu un bruit de
rames : Bon ! ai-je dit, voilà la chose !... j'ai attendu

que le bruit s'éloignât, puis j'ai couru à mon bateau que j'avais caché un peu plus bas, dans les saules : j'ai repassé le Rhône, et me voici ; je n'ai pas trop perdu de temps : onze heures viennent de sonner.

— Et moi qui refusais encore de le croire ! reprit M. de Varni ; moi, qui, sans me faire illusion sur les sentimens de cette femme, m'imaginais qu'elle était trop loyale pour me trahir, trop fière pour déshonorer mon nom ! moi qui hésitais à simuler ce départ, et qui en rougissais, comme d'une feinte indigne de son orgueil et du mien ! Insensé ! imbécile que j'étais !

— Je vous l'avais bien dit, que, dès le moment qu'ils croiraient n'avoir rien à craindre, ils se reverraient ! reprit Baptistin avec cette basse familiarité du subalterne qui tient entre ses mains les secrets de son maître.

— Oh ! je les tuerai tous les deux ! s'écria le vicomte avec une explosion terrible ; je les tuerai, et mon regret est de ne pouvoir inventer, à prix d'or, un supplice qui les torture et qui me venge ! Oh ! cet homme ! comme je le déteste ! et cette femme ! comme je la hais ! Avoir pu arriver jusqu'à elle : avoir accumulé, pour atteindre ce but, mensonges et crimes ; et n'avoir pu m'en faire aimer, moi pour qui, jus-

que-là, rien n'était impossible ! Ah ! je puis enfin donner un corps à ma vengeance, une forme à ma haine !
Que de fois, pendant ces luttes où elle opposait une
barrière de glace à mes dévorantes ardeurs, où je de-
mandais en vain un regard à ses yeux , un sourire à
ses lèvres, où je sentais le fantôme de Gaston de Tervaz se dresser entre elle et moi, que de fois j'ai désiré que ce Gaston fût là, afin d'assouvir sur lui mon
impuissante rage !.. Et plus tard, lorsque j'ai su qu'il
vivait, que de vœux j'ai formés pour qu'il arrivât jusqu'ici, pour avoir enfin la joie de saisir, d'étreindre,
d'anéantir ce fantôme abhorré !.. Oh ! cette femme !
m'a-t-elle assez humilié, froissé, irrité, perdu !.. Je le
sens, si elle m'avait aimé, j'aurais pu me relever encore! si pervers que m'aient fait l'ardeur de mes passions , la puissance de mon or, le despotisme de ma
volonté, l'amour de cette femme pouvait encore me
retirer de l'abîme... Elle est si belle, qu'il y a en elle
de quoi damner un élu, de quoi sauver un damné..
Oui, relevé, purifié par son amour, je pouvais tout,
même devenir bon : il est si facile de l'être quand on
se sent aimé !.. J'aurais eu un fils peut-être... un fils,
l'orgueil de mon sang, l'espoir de ma race, la joie de
ma vieillesse... L'on ne peut rester criminel lorsqu'on
a un fils... J'aurais racheté mes fautes à force d'au-

mônes ; j'aurais bâti des églises ; j'aurais fait tant de bien que Dieu m'aurait pardonné, et que le spectre de Jean Peyrol aurait disparu de mes rêves... Etre aimé de cette femme, c'était le salut de mon âme!... Et elle l'aime, lui!.. et ils sont ensemble! Tu vois donc bien, Baptistin, qu'il faut qu'il meure, et je te jure que je le tuerai!...

— Eh bien ! voici le moment de partir, dit Baptistin qui, en sa qualité de scélérat de bas étage, ne comprenait rien au langage du vicomte : avant que nous arrivions au pavillon de Mignard, il sera minuit : qu'attendons-nous ?

— Oui, partons, reprit M. de Varni : ton bateau est près d'ici ?

— A vingt pas... là... sous la chaussée...

Ils approchèrent du lieu que désignait Baptistin : à la vue de son bateau que ballottait le vent du sud, et dont la pointe dépassait déjà le niveau du quai, le garde-chasse fit un mouvement de surprise ; il mesura avec sa rame le mince talus qui restait encore à sec et que le Rhône gagnait visiblement, jeta un regard de connaisseur sur le ciel toujours plus sombre et plus chargé d'eau ; puis croisant les bras et se tournant vers M. de Varni, il lui dit froidement :

— Monsieur le vicomte, vous voulez tuer M. de Tervaz?

— Tu le sais bien, je te l'ai déjà dit.

— Et cependant, n'y a-t-il pas quelque chose qui vous déplaît dans l'idée d'un meurtre ordinaire? Sommes-nous sûrs que cette nuit en gardera le secret? N'avons-nous pas à craindre du bruit, de l'éclat, du déshonneur pour madame la vicomtesse, pour vous, pour ce beau nom de Varni dont vous êtes si justement fier?

M. de Varni tressaillit : Baptistin venait de toucher à la fibre sensible, à la plaie vive.

— J'ai deviné juste, n'est-ce pas? reprit ce dernier.

— Oui; mais à quoi bon, puisqu'il n'est pas possible de faire autrement? Vengeons-nous de M. de Tervaz et ne songeons pas au reste.....

— Et s'il y avait moyen de faire autrement?

— Sans rien perdre de ma vengeance?

— En la rendant plus silencieuse, plus secrète, plus terrible...

— Que veux-tu dire?

Au lieu de répondre, Baptistin amena son maître

jusqu'au bord de la chaussée ; il lui montra le Rhône qui augmentait avec une incroyable rapidité, et dont l'eau limoneuse et jaunâtre arrivait jusqu'à leurs pieds dans ses oscillations houleuses. Ensuite, il lui fit remarquer d'un geste les indices atmosphériques qui semblaient annoncer un nouveau déluge, et il murmura quelques mots à l'oreille de M. de Varni, mais si bas, si bas, que les démons seuls purent entendre.

— Tu as raison, cela vaudra bien mieux, répondit le vicomte ; et tous deux, quittant le bord du Rhône pour se rapprocher de la ville, disparurent bientôt dans l'ombre.

Les heures passaient ; suivant qu'elles apportent de la douleur ou de la joie, elles s'appesantissent ou s'envolent ; elles sont des siècles ou des secondes : pour Gaston et madame de Varni, elles avaient fui comme un songe. Quelques instans encore, et la nuit allait finir.

Julie Thibaut, à qui Maria avait dit de rester dans la chambre, n'avait pas osé lui désobéir ; mais, comme Dieu a donné aux femmes, même dans les conditions inférieures, cette délicatesse exquise qui devine tout, la bonne Julie qui avait, en outre, pendant ses années pauvres et laborieuses, pris l'habitude de veiller ou de dormir à volonté, s'était *ordonné* à elle-même de s'endormir, et bientôt, la fatigue et l'heure avancée venant à son aide, un profond sommeil l'avait gagnée. On n'eût rien pu rêver de plus poétique et de plus charmant que cette adorable fille, à demi affaissée sur sa chaise, à demi appuyée contre la cloison, et soutenant sa belle tête de son bras replié comme une anse d'amphore. Les tresses opulentes de ses cheveux de jais, à reflets bleuâtres, s'étaient échappées de sa coiffe et s'épanchaient presque jusqu'à terre. Ses longs cils abaissés estompaient de leur frange soyeuse les tons chauds et bistrés de ses joues, et un vague et frais sourire errait sur ses lèvres humides, comme si l'ange des sommeils paisibles l'eût effleurée de son aile.

Gaston et madame de Varni n'avaient presque pas changé de place ; toujours à genoux, Gaston s'était peu à peu laissé glisser sur le tapis ; son bras, passé autour de la taille amaigrie de Maria assise sur son fauteuil, l'avait attirée peu à peu ; et, inclinée sur le front de M. de Tervaz, elle pouvait fondre son regard dans son regard, son souffle dans son souffle. Leurs mains étroitement enlacées complétaient, par leurs délicates étreintes, le sens de leurs paroles et de leurs silences : la respiration égale et douce de Julie endor-

mie servait comme d'accompagnement à cette chaste
et ardente scène. Divines extases de l'amour partagé! celui qui ne vous goûta jamais, n'a pas le droit
de dire qu'il a vécu!

—Gaston! murmurait madame de Varni, nous nous
voyons pour la dernière fois en ce monde; dans quelques heures vous partirez; dans quelques jours, vous
serez bien loin; mais cette entrevue aura été bonne
pour tous deux : maintenant nous pouvons mourir;
moi, avec votre pardon; vous, avec mon amour; tous
deux moins malheureux et plus résignés.

—Oh! ne me parlez pas de ce qui va être dans quelques heures! laissez-moi croire qu'après ces momens,
il n'y aura plus rien!

—Vous m'aimez donc bien? reprenait la jeune
femme dont le brûlant regard semblait plonger jusqu'au fond de l'âme de Gaston.

—Mille fois plus que dans le temps où j'espérais!

— Merci, mon ami; vos paroles me donnent le seul
bonheur que je puisse goûter ici-bas; être aimée de
vous, c'était ma vie; mais vous entendre, en ce moment suprême, me redire ces mots si doux, c'est plus
que la vie, Gaston; c'est le ciel... Ah! je l'ai souvent
pressenti, nous nous aimions trop pour ce monde; il

fallait à notre amour quelque chose d'infini comme nos cœurs, d'immortel comme nos âmes... Ne vous semblait-il pas qu'un bonheur vulgaire serait trop petit pour nos ardeurs, que nos bras frémissans se fermeraient à vide, appelant des félicités inconnues ?... Oui, Gaston, le ciel, le ciel où rien n'arrête et ne borne l'insatiable extase des âmes, voilà désormais la patrie de notre amour... Que cette dernière nuit soit la date de cette affection nouvelle!... mais, vous le savez, ami, le ciel est fermé à ceux qui haïssent ; pardonnons donc à cet homme qui nous a fait tant de mal, et dont je porte le nom... Ne le haïssons plus, afin de pouvoir nous aimer encore après cette vie! Oh! si je ne vous avais pas revu, si vous m'aviez repoussée, s'il m'avait fallu tout perdre, même votre tendresse, oh! j'aurais été impitoyable ; j'aurais maudit **M.** de Varni jusqu'à mon dernier soupir ; je serais morte, la révolte dans le cœur, l'anathème à la bouche... mais je vous revois, je vous retrouve ; ma haine se fond à cette pure flamme, et je pardonne à **M.** de Varni, parce que je vous aime!...

En ce moment, la pendule de la chambre sonna quatre heures.

— Gaston ! dit Maria en se levant toute droite ;

voici le **moment** de nous quitter! nous avons besoin de toutes nos forces ; abrégeons ces adieux ; je vais réveiller cette chère enfant.

Elle s'approcha de la jeune fille, et, la frappant doucement sur l'épaule : Julie! lui dit-elle à demi-voix.

Julie se leva brusquement, se frotta les yeux, regarda à droite et à gauche, comme une personne qui cherche à rassembler ses idées, ses souvenirs : puis, courant à la pendule :

— Ah! malheureuse! j'ai trop dormi! s'écria-t-elle.

— Que crains-tu donc? reprit madame de Varni ; le jour est bien loin encore ; M. de Tervaz sera reparti de Villeneuve avant même que l'aube ne commence à poindre...

— Ce n'est pas cela! ce n'est pas cela! dit Julie avec une agitation croissante ; et se précipitant vers la fenêtre, fermée au volet, elle l'ouvrit dans toute sa largeur. Un cri d'horreur sortit en même temps de sa poitrine et vint glacer Gaston et Maria ; ils regardèrent à leur tour, et à leur tour ils poussèrent un cri d'épouvante.

C'était un effrayant spectacle ; les deux bras du Rhône s'étaient rejoints pendant la nuit, et cou-

14

vraient entièrement l'île de la Barthelasse : à la morne clarté de la lune qui s'abaissait à l'horizon dans sa sombre enveloppe de brouillards et de nuages, on voyait l'eau entourer de tous côtés le pavillon de Mignard, dont le rez-de-chaussée était déjà submergé à une hauteur de près de six pieds. Le vitrage de la serre avait été brisé ; et les plantes, à moitié arrachées de leurs vases, surnageaient çà et là, semblables à des chevelures de noyés. Des débris de bancs de paille, amoncelés, par places, formaient des îles flottantes. Sans la rapidité des courans, on se serait cru en pleine mer ; car l'œil n'apercevait que les nuages, la pluie et le Rhône. De temps à autre, le miroitement de l'eau laissait voir un tronc d'arbre, un tonneau, une poutre, un cadavre, passant comme l'épave d'un naufrage : les mûriers, les saules et les peupliers, élevaient au dessus du niveau leurs têtes ruisselantes et frileuses. A travers la fenêtre ouverte, on entendait les cris de détresse des *ménagers* (1) surpris par l'inondation, les hennissemens des chevaux que le fleuve soulevait dans leurs étables, les coups de fusil tirés sur les toits pour appeler du secours, et,

----

(1) *Ménagers*, fermiers habitant une grange en rase campagne.

comme basse continue de ce lugubre concert, les cloches de Villeneuve et d'Avignon dont le son lointain ressemblait au glas funèbre d'une contrée reveillée en sursaut pour se voir condamner à mort (1).

M. de Tervaz et madame de Varni, debout dans l'embrasure de la fenêtre, demeuraient immobiles, ne sachant s'ils devaient en croire leurs yeux ; Julie, qui semblait la plus désolée, se retourna vers Maria, et lui dit en pleurant :

— O ma chère dame ! c'est moi qui suis la coupable : hier soir, en conduisant ici M. de Tervaz, j'avais bien remarqué que le temps était affreux, que le Rhône augmentait, que la nuit serait terrible : mais il avait l'air si heureux, et vous l'attendiez avec tant d'amour que je n'ai pas eu le courage de gâter ces belles heures!... Misérable folle que je suis ! j'aurais dû vous avertir ; j'aurais dû veiller sur vous ; en vous voyant ensemble, je n'ai plus songé qu'à votre bonheur : afin que vous fussiez plus seuls, je me suis endormie, croyant me réveiller à temps... et, maintenant, il est trop tard ! Qu'allons-nous devenir ?

______

(1) L'inondation du 25 novembre 1755 a été la plus terrible dont fasse mention l'histoire du Comtat ; le Rhône grossit de dix-huit pieds pendant la nuit.

Et Julie se tordait les mains avec désespoir.

— Chère enfant, c'est à nous à te demander pardon, lui répondit madame de Varni en la ramenant sur son cœur : qu'est-ce que la mort pour M. de Tervaz et pour moi qui ne devions plus nous revoir? Mais toi, si jeune et si belle ! toi qui pouvais être heureuse encore, toi qui n'es ici que par dévoûment!... Oh! faudra-t-il donc que tu meures aussi, pour nous, avec nous !

— Ne songez pas à moi ! reprit Julie : si vous devez périr, je me réjouis de vous suivre : d'ailleurs quelle joie pouvais-je espérer dans ce monde ? J'aime Claude; mon père ne veut pas que je l'épouse ; je suis trop honnête fille pour désobéir. Vous voyez bien qu'il vaut mieux que je meure !

—Mais, Julie, tu te trompes, dit madame de Varni, trop émue pour calculer la portée de ses paroles ; jusqu'ici l'excès de mes souffrances m'avait rendue égoïste ; je ne songeais pas à la douleur des autres, parce que je me renfermais dans la mienne... Maintenant, pacifiée, attendrie par ces heures d'amour et de pardon, sais-tu quel était mon premier projet? D'aplanir les obstacles qui séparent Antoinette de Dominique, qui te séparent de Claude ; c'était là la récompense que je vous réservais pour tant d'affection et de dévoûment, que je me promettais à moi-même pour mon retour aux bonnes pensées... Enfant! crois-tu donc que je ne sois pas assez riche pour m'accorder ce dernier bonheur?...

— Oh! Madame! s'écria Julie d'un ton d'affectueux reproche ; pourquoi me dire cela ? A présent, je regrette la vie!

Et deux larmes roulèrent dans ses yeux noirs : mais bientôt, puisant dans cette espérance nouvelle un nouveau courage : N'y a-t-il donc pas, dit-elle, des chances de salut? Croyez-vous qu'on ne viendra pas, de l'hôtel de Varni, nous chercher en bateau?

— Hélas! ce n'est pas probable ; afin d'écarter tout soupçon, j'avais donné congé pour deux jours à mes femmes; la plupart des domestiques ont suivi M. de Varni; les autres ne savent pas même que je suis sortie de l'hôtel : j'avais cru ne pouvoir prendre trop de précautions...

— Et moi aussi, pour plus de prudence, je n'ai pas dit à Claude que nous venions au pavillon de Mignard : pourtant, si j'étais à sa place, je le devinerais !

— Ah! c'est là un fil trop léger pour y rattacher une espérance !...

— Il faut donc mourir; prions le bon Dieu! reprit Julie en s'agenouillant.

-- Oui, mourir, dit Gaston qui, jusque-là, avait gardé le silence, et dont les yeux rayonnaient d'enthousiasme; oui, mourir!... ne pouvant être réunis dans la vie, nous allons être réunis dans la mort; c'est un Dieu de miséricorde qui nous envoie cette dernière joie. Maria, j'allais demander à l'Océan une mort lointaine; l'Océan vient me trouver ici, et il m'engloutira dans vos bras. Oui, Dieu est bon, je le remercie...

— Mais avant que tu meures, reprit Maria en lui saisissant la main avec une force surhumaine, je veux te dire encore une fois que je t'aime... Vois-tu, Gaston, tout à l'heure, je ne te le disais pas comme je le sens, comme je le veux; je réprimais les battemens de mon cœur; nous étions encore des êtres vivans, et les pensées terrestres pouvaient nous atteindre... Mais en ce moment, en face de cette mort qui approche, sous les yeux de cet ange qui prie pour nous, que peut-il y avoir qui ne soit pur et sacré? Je t'aime, et, ce que je t'ai refusé cette nuit, c'est moi qui te le demande... Gaston, un baiser!

Les lèvres du jeune homme touchèrent un instant

celles de Maria; puis se levant soudain et lui mettant la main sur l'épaule : Maintenant, à genoux ! dit-elle, les minutes qui nous restent ne doivent plus être qu'à Dieu seul !

Ils s'agénouillèrent auprès de Julie ; Madame de Varni se mit à réciter les prières des agonisans. Gaston et Julie répondaient.

Le Rhône augmentait toujours ; déjà , en se courbant sur la fenêtre et en étendant le bras, on eût pu effleurer l'eau avec la main : déjà aussi, les premières teintes du matin commençaient à poindre, et luttaient contre les dernières lueurs de la lune. Ce crépuscule, terne et livide rendait plus lugubres encore les scènes de désolation qu'il venait éclairer.

Tout-à-coup, on entendit un bruit de rames. Julie sauta, comme une lionne, à la fenêtre qui donnait du côté de Villeneuve :

— Nous sommes sauvés ! s'écria-t-elle, voici Claude ! Ah ! je savais bien qu'il devinerait et qu'il viendrait !

Elle semblait moins heureuse d'échapper à la mort, que fière d'être sauvée par son amant.

Mais , en même temps, madame de Varni qui regardait du côté d'Avignon, dit à son tour, avec une horrible expression d'angoisse :

— Nous sommes perdus ! voici mon mari avec Baptistin !

En effet, à la clarté du jour naissant, on voyait distinctement arriver les deux bateaux. A leur rapidité presqu'égale, il était facile de prévoir qu'ils atteindraient presque au même moment le pavillon de Mignard.

— O mon Dieu ! qu'allons-nous faire ? répétait madame de Varni.

— M. le vicomte ne sait peut-être rien, reprit Julie, quelque obstacle, le mauvais temps peut-être, l'aura forcé hier à rebrousser chemin ; il ne vous aura pas trouvée à Avignon ; il aura compris que vous étiez ici... il croit que vous y êtes seule, et il ne vient que pour vous porter secours...

— Julie, je te dis que j'ai peur, répliqua madame de Varni qui sentait déjà peser sur elle l'ascendant sinistre de son mari.

— Voyons ! ne perdons pas la tête ! dit rapidement la jeune fille en s'efforçant de paraître calme : M. de Tervaz, cachez-vous dans ce cabinet !—Et elle ouvrit le cabinet de toilette ; puis elle ajouta : si Monsieur le vicomte ne sait rien, nous pouvons tout sauver encore ; nous partirons sur son bateau ; je ferai un signe à Claude; il comprendra, feindra de retourner à Villeneuve, et, quand nous en serons assez éloignés, il reviendra à temps pour emmener M. Gaston. Je trouverai moyen de glisser à Claude la clé du cabinet; d'ailleurs, d'un coup de poing, il saurait bien l'enfoncer.... mais les voici, il n'y a pas un moment à perdre....

Elle poussa Gaston dans le cabinet, ferma au double tour, et cacha la clé sous son fichu.

Une seconde après, M. de Varni, avec Baptistin, abordait l'un des côtés du pavillon, et Claude, le côté opposé. Le Rhône croissait si rapidement, que les bateaux étaient presque au niveau du premier étage; M. de Varni, dont la taille était haute, dépassait de toute la tête l'appui de la fenêtre, et pouvait regarder dans la chambre.

Il avait l'air empressé d'un homme qui accourt pour arracher une femme aimée à un péril épouvantable et imprévu.

— Dieu soit loué, dit-il, j'arrive à temps. Oh ! chère amie, que vous êtes méchante de nous donner de pareilles inquiétudes ! Comme c'est heureux que le débordement de toutes les rivières m'ait forcé, hier soir, de revenir sur mes pas ! J'aurais été dans des transes affreuses ; sans compter , ajouta-t-il en montrant Claude dont le visage inquiet paraissait à l'autre fenêtre, sans compter qu'il m'eût été cruel que vous fussiez sauvée par un autre que moi!...

— Il ne sait rien, pensa Julie.

— Il sait tout, se dit Maria.

— Eh bien ! Monsieur! partons vite , reprit-elle tout haut en essayant de dompter son émotion ; je vous avoue que j'ai bien peur, et qu'il me tarde de me retrouver en terre ferme.

— Oh non ! répliqua le vicomte ; maintenant que nous voilà bien rassurés tous deux, je veux que vous sortiez de cette chambre le plus commodément possible : sauter de là haut ! risquer de vous faire mal! fi donc! nous allons attendre que le Rhône, en respectueux vassal, élève ce bateau jusqu'à vos pieds ; encore quelques minutes, et je n'aurai plus qu'à vous offrir la main pour vous amener ici : vous passerez tranquillement, et de plain pied , de votre appartement dans votre *voiture*. N'êtes-vous pas de mon avis ?

La vicomtesse , glacée d'horreur, cherchait vainement un mot à répondre ; Baptistin, immobile, semblait une machine au service de son maître. Julie, collée contre madame de Varni qu'elle sentait défail-

lir, lui serrait la main pour lui rendre un peu de courage, et ses yeux se tournaient vers Claude qui, de
plus en plus inquiet, interrogeait ce regard pour savoir ce qu'il avait à faire. Dans le cabinet, pas un
mouvement, pas un bruit.

Il y eut là dix minutes que je renonce à peindre.

Enfin le Rhône arriva au point qu'avait désigné
M. de Varni ; Maria et Julie sentirent sous leurs pieds
l'humidité du tapis que l'eau commençait à envahir.
L'appui de la fenêtre ne dépassait plus que de fort
peu le niveau du fleuve.

— C'est le moment ! dit le vicomte toujours calme
et souriant : Julie, donnez-moi une chaise.

La jeune fille prit une chaise dans la chambre, et
la lui donna ; M. de Varni la posa sur le bateau aussi
solidement qu'il le put.

— C'est cela ! reprit-il. Maintenant soutenez madame
à qui la peur de ce maudit Rhône a décidément ôté
ses forces.... Très bien ; soulevez-la... A présent, chère
amie, laissez-vous aller dans mes bras, heureux de
porter un aussi doux fardeau.... Bien, vous y voilà !

Madame de Varni s'était laissée aller machinale-
ment, et se trouva assise sur le bateau.

— A vous maintenant, Julie ! poursuivit le vicomte ;

oh ! pour vous je ne suis pas en peine ; vous êtes une leste et vigoureuse personne... toujours belle, toujours dévouée !... Aussi je veux faire quelque chose qui ne vous déplaira pas... Claude ! arrivez par ici !

Madame de Varni regarda son mari avec une nouvelle angoisse : Claude fit rapidement le tour du pavillon, et arriva à force de rames.

— Claude ! dit le vicomte en prenant l'air bon prince, il est juste que vous soyez récompensé de votre zèle ; vous allez monter dans notre bateau et confier le vôtre à Baptistin. C'est vous qui aurez l'honneur et le plaisir de nous reconduire à Avignon ; n'est-ce pas vous donner le batelier que vous préférez ? ajouta-t-il d'un ton de galanterie affectueuse, en s'adressant à Maria et à Julie.

Elles sentirent passer dans leurs veines un frisson de terreur et de mort.

— Mais, Monsieur, il n'est pas besoin de rien déranger, balbutia madame de Varni.

— Oh ! je ne dérange rien ; je prends, au contraire, l'arrangement le mieux fait pour vous convenir : Claude est un vigoureux gaillard, et nous ne pouvons être entre meilleures mains. Mon pauvre Baptistin est éreinté de fatigue ; d'ailleurs, les gardes-chasse ne sont bateliers que par intérim : il restera ici, et reviendra ensuite, tout seul, tout doucement.

— Mais, Monsieur...

— Ah! oui, je comprends; vous êtes peinée de laisser ici tant de jolies 'choses qui vont être brisées ou englouties ; mais, vous n'avez qu'à parler; s'il y a dans ce pavillon quelque objet précieux que vous vouliez sauver du naufrage, dites-le, Baptistin s'en chargera; il est adroit et fidèle; vous en serez contente.

Un sourire diabolique errait sur le blême visage de Baptistin.

— Allons ! Claude, mon ami ! poursuivit le vicomte toujours sur le même ton ; passez donc dans notre bateau , et prenez les rames! Vous avez l'air d'une statue... Est-ce que vous n'êtes pas content de contribuer au salut de madame de Varni et de votre chère Julie?... Ah ! sournois que vous êtes ! nous connaissons vos visées !...

Claude, qui cherchait vainement un indice, un contr'ordre dans les regards de Maria fascinée , céda à l'ascendant infernal que cet homme semblait exercer en ce moment sur tous les acteurs de cette scène; il passa dans le bateau de M. de Varni ; Baptistin avait déjà sauté dans le sien : aussitôt le vicomte, comme s'il n'eût attendu que cet instant, donna un grand coup d'aviron, et le bateau se trouva à dix pas du pavillon de Mignard.

— Arrêtez ! s'écria madame de Varni.

— Ah ! pardon ! j'oubliais ! reprit son mari : Baptistin, écoute bien les recommandations de madame la vicomtesse ; et vous, Madame, donnez-lui vos ordres ! Laissez-vous dans votre chambre, ou ailleurs, quelque chose qu'il doive arracher aux fureurs du Rhône ?

Madame de Varni le regarda ; à travers ce sourire courtois qui paraissait stéréotypé sur sa figure, elle devina ce que cette fausse bonhomie cachait d'impitoyable, et, d'une voix à peine intelligible, elle laissa tomber cette syllabe :

— Rien !

Julie était pâle comme une morte.

— Eh bien ! alors, partons ! et toi, rame de toutes tes forces, dit M. de Varni en se tournant vers Claude et en reprenant cet air impérieux auquel on ne résistait pas.

Le Rhône commençait à envahir entièrement le premier étage ; Claude parut comprendre qu'une dernière chance de salut dépendait de la vitesse de son bateau ; il se mit à ramer si énergiquement, qu'au bout d'un quart d'heure il abordait à quelques pas au dessous de l'hôtel de Varni, où l'on arrivait encore à pied sec.

Pendant le trajet, Maria avait eu le temps de murmurer à l'oreille de Julie : Lui, la clé, le pavillon, Claude.

Au moment où elles abordèrent, Julie glissa dans la main de Claude la clé du cabinet, lui fit un signe, lui dit un mot : il repartit aussitôt et plus rapidement qu'il n'était venu. Le vicomte rentra dans son hôtel avec sa femme, et parut ne plus s'inquiéter de rien.

Quelques minutes après, Claude Rioux approchait du pavillon ; mais, à quelques pas, et pendant qu'il côtoyait un groupe d'énormes ormeaux dont les cîmes séculaires défiaient l'inondation, un homme caché dans les branches lui asséna sur la tête un grand coup de rame : Claude, étourdi, tomba ; et Baptistin (car c'était lui), sautant dans le bateau avec une agilité de tigre, lui lia les pieds et les mains avant que le malheureux eût repris connaissance; puis il dirigea de nouveau le bateau vers Avignon. M. de Varni s'attendait probablement à le voir arriver; il était sorti de son hôtel, et Baptistin le trouva sur le bord.

—Monsieur le vicomte ! lui dit-il en montrant

Claude toujours couché au fond du bateau dans un état d'immobilité silencieuse qui le faisait ressembler à un cadavre ! monsieur le vicomte, je vous amène une prise : voici un gaillard qui a voulu profiter de l'inondation pour gagner sa dot. Je l'ai surpris au moment où il s'introduisait dans le pavillon de Mignard...

— Claude Rioux ! dit M. de Varni, qu'allais-tu faire dans le pavillon de Mignard ?

— Voler, répondit Claude sans hésiter.

— Voler ! toi ! je te croyais honnête ! reprit le vicomte qui semblait prendre un affreux plaisir à le torturer.

— J'étais pauvre ; j'aime Julie ; je voulais devenir riche pour que son père me la donnât.

On ne put jamais tirer de lui une autre parole : Julie Thibaut ne dit pas un mot qui pût démentir cet aveu de Claude. Il fut mis en prison ; le jour de son jugement, M. de Varni surprit Maria qui descendait, comme une folle, l'escalier de son hôtel.

— Où allez-vous ? lui demanda-t-il en l'arrêtant par le bras.

— Parler aux juges.

— Si vous dites un mot, je ferai condamner Claude à mort, et vous serez déshonorée !

En même temps, il lui présentait la petite clé du cabinet, que Baptistin avait prise dans la poche de Claude Rioux.

Elle hésitait : Pensez-y, reprit-il. Pour Claude la mort, pour vous le déshonneur !

— Le déshonneur ! murmura la vicomtesse : et elle remonta dans sa chambre.

Claude Rioux fut condamné à cinq ans de galères.

L'inondation du 25 novembre 1755 dura quinze jours : à midi, le Rhône dépassait de plusieurs pieds la pointe de fer qui surmontait le toit du pavillon de Mignard : lorsque les eaux se retirèrent, il s'écoula encore bien des jours avant qu'on pût s'aventurer dans les terres où le fleuve avait passé : cependant, une nuit, malgré l'eau et la boue qui faisaient enfon - cer ou glisser le pied presqu'à chaque pas, deux per- sonnes parvinrent jusqu'au pavillon de Mignard ; c'é- taient un jeune homme et une jeune fille ; la jeune fille guidait le jeune homme.

— Monsieur Dominique, disait-elle, nous avons en- core à accomplir ce dernier devoir ; vous avez bien fait de ne parler de rien à Antoinette ; la pauvre en- fant serait morte de frayeur et de désespoir.

Ils s'introduisirent dans le pavillon ; tout était brisé ;

ils montèrent au premier étage ; la porte du cabinet ne tenait presque plus sur ses gonds, et ils y entrèrent sans peine.

Ils y trouvèrent le squelette de Gaston ; un pistolet rouillé gisait près de lui ; mais, comme la balle se trouvait encore dans le canon, Dominique et Julie supposèrent qu'au moment d'échapper, en se brûlant la cervelle, aux lenteurs affreuses de cette mort qui montait peu à peu jusqu'à lui, Gaston avait pieusement résisté aux tentations du suicide, et offert à Dieu, jusqu'au bout, ce terrible sacrifice.

Dominique avait une bêche ; il descendit, avec Julie, dans le jardin, et ils se mirent à creuser une fosse ; lorsque Dominique était fatigué, Julie le remplaçait.

La jeune fille avait apporté un large linceuil ; ils enveloppèrent les derniers restes de M. de Tervaz, récitèrent les prières des morts, et l'ensevelirent sans que leur courage chancelât un moment. Lorsqu'ils eurent terminé cette opération douloureuse, Julie rassembla deux ou trois vases épars et renversés, quelques plantes à demi arrachées mais vivaces encore, et elle les plaça sur la terre humide et fraîchement remuée, de manière à faire disparaître tout vestige.

Ensuite, ils retournèrent à Avignon où ils arrivèrent avant le jour ; quelques heures après, Julie se rendit auprès de madame de Varni qui ne quittait plus sa chambre : elle lui baisa la main, et lui dit :

— Maintenant, M. le vicomte et Baptistin peuvent aller au pavillon de Mignard.

LE TESTAMENT.

V.

Dix mois environ s'étaient écoulés depuis la scène
épouvantable que je viens de retracer.

On était au commencement d'octobre 1756. Par une
admirable soirée où se confondaient les chaleurs se-
reines de l'été et les douces mélancolies de l'automne,
deux femmes se promenaient à quelque distance d'une

de ces charmantes villas qui égayent de leur gracieuse silhouette la colline et la plaine d'Hyères. C'étaient la vicomtesse de Varni et Julie Thibaut, sa fidèle compagne.

Il eût fallu un œil bien clairvoyant, l'œil d'un amant ou d'un ennemi, pour reconnaître la belle Maria dans le pâle fantôme qui marchait ainsi, à pas lents, soutenue par Julie et respirant l'air tiède du soir avec une sorte d'avidité machinale. L'ovale aminci de son visage faisait paraître démesurément grands ses yeux auxquels la fièvre donnait, en outre, un éclat extraordinaire. Sous les bandeaux de ses cheveux, on voyait perler une sueur froide dont les gouttelettes moiraient la blancheur maladive de son front et de ses tempes. Sa peau, ses lèvres et ses dents étaient de la même teinte. Une petite toux sèche, presque continue, la forçait de s'arrêter de temps à autre, et nuançait d'une légère plaque de carmin les pommettes saillantes de ses joues creuses, amollies, décolorées.

Julie Thibaut, au contraire, était, s'il est possible, plus belle encore que nous ne l'avons vue. Pendant que la grande dame avait été lentement minée par sa douleur, la fille du peuple trouvait dans la sienne la seule auréole qui lui manquât, cette expression idéale que la souffrance ajoute à la beauté. Cette généreuse nature, cette forme riche et puissante avaient résisté à ce coup terrible, et, dans la lutte, elles s'étaient ennoblies, poétisées. Au lieu de la magnifique paysanne de Provence ou d'Italie, telle que l'a réalisée sur la toile le pinceau de Léopold Robert, c'était la Vierge sublime de Murillo.

Elles marchaient, ou plutôt Julie guidait la marche chancelante de madame de Varni, à travers un de ces jolis sentiers que dessine le lit desséché des rivières, dans cette heureuse portion de la Provence appelée aujourd'hui le département du Var. Des églantiers aux baies écarlates, des grenadiers, des lauriers roses, des lentisques, des pistachiers, des cytises entremêlaient leurs touffes en des méandres inextricables : la plaine d'Hyères étendait à droite et à gauche son riche et onduleux tapis. Au nord, et formant un abri éternel, se dressaient en amphithéâtre le village et la colline, détachant crûment leurs terrasses, leurs bâtimens et leurs rideaux d'orangers, sur l'azur du ciel que rayaient çà et là les tiges élancées de quelques palmiers solitaires. A une demi-lieue, on apercevait l'île de Porquerolles et la ligne bleuâtre de la mer, second horizon reculant les limites du premier, à peu près comme ces pensées tristes et infinies qui semblent toujours prêtes à surgir derrière les images riantes. Deux ou trois navires fuyaient dans le lointain, ouatant de leurs voiles blanches le bleu du ciel et de la mer. Des mouettes aux larges ailes quittaient un moment le rivage pour tournoyer dans l'espace ; l'air était si doux, qu'on sentait à peine la brise marine qui s'élevait et retombait par bouffées égales, mêlant aux suaves odeurs de la terre les âcres parfums de la vague. Pas un nuage n'altérait ce ciel où la pluie et la brume semblaient impossibles. Comparés à cette limpide atmosphère, à cette riche végétation, à ce radieux soleil qui se couchait dans sa pourpre comme un roi fatigué, mais non vaincu, les sites et les horizons de notre Comtat, que j'ai essayé de décrire, eussent paru ternes et froids, sans couleur et sans rayon.

Ce ciel pur, ce ravissant paysage, cette inaltérable jeunesse de la nature méridionale, contrastaient avec l'état de dépérissement de madame de Varni, et avec la tristesse immense, irréparable, qu'on pouvait lire sur le front de ces deux femmes : tous les dix pas, elles faisaient une halte, pour donner à Maria le temps de reprendre haleine.

Pendant une de ces haltes, la vicomtesse étendit le

bras vers le couchant, du côté de Toulon (1), et dit d'une voix stridente et saccadée :

— Claude est là !

— Pourquoi parler de lui ? je ne vous en disais rien, répondit Julie avec la résignation douloureuse du chien blessé qui regarde son maître.

— Mais moi je veux en parler toujours, reprit madame de Varni, pour me rappeler que Claude et toi vous avez été sublimes, et que moi j'ai été misérable, lâche, infâme.

— Mais vous n'auriez rien sauvé, répliqua doucement la jeune fille.

— C'est vrai : te souviens-tu de ce sourire de M. de Varni, de ces paroles mielleuses que je sentais entrer dans mes veines comme la lame empoisonnée d'un stylet ?... Oh ! je vivrais cent ans, autant d'années qu'il me reste d'heures, j'aurais toujours là, devant mes yeux, l'image impitoyable de cet homme disant à Claude : Change de bateau avec Baptistin !...

---

(1) Par une convention entre le vice-légat et le gouvernement français, les criminels condamnés, dans le Comtat Venaissin, à la peine des galères, subissaient leur peine à Toulon.

— Par grâce, ma chère dame, écartez ces pensées qui vous tuent !..

— Et qu'en ferais-je si elles ne me tuaient pas ? reprit madame de Varni avec un rire de mourante. Crois-tu donc, ma pauvre sacrifiée, que j'oserais lever les yeux sur toi, si je n'étais sûre de mourir?... Et cependant ce n'est pas assez... j'aurais voulu autre chose...

— Autre chose ?...

— Oui, Julie ; ce qui mêle à mes derniers jours tant de déchiremens et de tortures, ce n'est pas seulement le souvenir de l'horrible mort de Gaston ; ce n'est pas seulement la pensée du mal que je vous ai fait, à Claude, si dévoué, à toi, si courageuse ; ce n'est pas même l'humiliation de ma lâcheté... Non, ce n'est rien de tout cela. Ce qui me déchire et me consume, c'est que je meurs sans me venger...

— Mais, dit Julie, M. le vicomte n'est-il pas déjà puni ? Depuis ces événemens terribles, vous êtes devenue pour lui une sourde-muette : il n'a plus entendu une seule fois le son de votre voix. Vous avez rendu sa maison si lugubre, qu'il a fini par être presqu'aussi sombre que vous. Votre médecin même n'a-t-il pas deviné qu'il y avait là un secret affreux, un secret de haine? n'a-t-il pas remarqué que pour faire redoubler votre fièvre, il suffisait que M. le vicomte entrât dans votre chambre?

—Ce bon docteur! interrompit Maria: c'est à lui que je dois d'être délivrée enfin de cette présence exécrée. C'est lui qui, nous voyant, chaque jour, face à face l'un de l'autre, dans cette maison silencieuse comme un tombeau, a compris qu'il y avait en moi plus qu'une maladie ordinaire. Il a ordonné à M. de Varni, s'il ne voulait me voir mourir sans remède et tomber lui-même dans le marasme, de m'envoyer ici respirer un air plus doux. M. de Varni a obéi ; puis il s'est fait donner par le vice-légat une mission pour Paris, où il essaye sans doute d'oublier, dans les plai-sirs, toutes ces images de crime et de mort. Qu'il y réussisse, s'il le peut! ce n'est pas là ce qui me préoccupe; il est loin, bien loin de moi ; j'aurai le temps de mourir avant qu'il soit de retour : pour le moment, je ne lui en demande pas davantage!...

— Et que pouvons-nous de plus? reprit Julie avec amertume.

— Que pouvons-nous? Rien ; et c'est là ce qui ren-dra mon agonie cent fois plus horrible. Oh ! quand je songe que je n'ai plus que quelques jours à vivre ; que

M. de Varni a trente-cinq ans à peine ; que tout un nouvel avenir va s'ouvrir devant lui ; qu'il sera libre, qu'il se remariera, qu'il aura des enfans, que de nouveaux liens le rattacheront à la vie, que je ne serai plus dans son passé qu'un mauvais rêve, un rêve oublié ; qu'il sera heureux peut-être ; et que, moi, je ne serai pas vengée !... La vengeance ! c'est le seul mot, la seule idée qui puisse encore réchauffer mon sang, ralentir la mort qui arrive !...

— Nous resterons, nous, et nous n'oublierons rien, murmura Julie.

— A quoi bon ? toi seule peux me comprendre ; mais tu n'es qu'une femme ; la pauvre Antoinette ne sait que pleurer et prier ; Dominique Ermel est brave ; mais il n'a pas été frappé au cœur comme nous ; il n'a pas, il ne peut pas avoir cette vigueur de haine, ce ressentiment profond, ardent, inextinguible, qui devient le seul mobile d'une vie entière, qui fait d'un homme un instrument au service d'une pensée, qui s'assimile son intelligence et son âme, son courage et sa force, le dirigeant sans cesse, par la même route, vers le même but... Ah ! pour que je fusse sûre d'être vengée comme je le veux, de laisser après moi un autre moi-même, ne devines-tu pas de qui j'aurais besoin ? Ne devines-tu pas quel est le nom que cette brise embaumée murmure constamment à mon oreille?

Et elle étendit de nouveau le bras du côté de Toulon.

— Claude ! s'écria Julie dont les yeux étincelèrent.

— Oui, Claude, répéta madame de Varni.

Au même moment, comme si ce cri d'amour et de haine avait eu une puissance magique, les deux femmes virent s'agiter auprès d'elles une épaisse touffe de grenadiers et de lauriers roses, et il en sortit un homme que toutes deux reconnurent à l'instant : c'était Claude Rioux.

Pour tout autre que pour elles, son aspect eût été peu rassurant ; il portait le costume de galérien ; ses vêtemens étaient déchirés, souillés, tachés de boue, mis en lambeaux par les hasards d'une évasion ; sa barbe qu'il laissait croître, et qui contrastait avec ses cheveux taillés en brosse, donnait à sa physionomie énergique une expression de rudesse presque sauvage. Sa jambe droite, qui avait traîné le boulet, était saignante, et sa marche en contractait même quelque chose d'inégal. On eût dit que ces dix mois avaient suffi pour transformer Claude. Ce n'était plus le beau et vigoureux pêcheur des bords du Rhône ; c'était un homme mis au ban de la société, et qui, par l'excès même de l'iniquité dont il souffrait, se sentait poussé aux représailles et à la révolte : le ressentiment, la haine, la lutte de tant de dévoûment contre tant d'infamie, le contact d'hommes pervers, le combat des bonnes et des mauvaises passions dans une âme fortement trempée, tout avait concouru à cette transformation douloureuse. Claude Rioux eût fait peur à quiconque n'aurait pas su combien il méritait d'admiration et de pitié.

On comprendra sans peine que Julie ne fit pas toutes ces distinctions ; elle se jeta dans ses bras en s'écriant : — Dieu a eu pitié de moi...je te retrouve, et nous ne nous quitterons plus !

— Tu crois? répondit-il avec une sorte de ricanement amer. Tu ne sais pas, ma pauvre Julie, que les galères ont de plus longs bras que je n'ai de longues jambes ; je me suis évadé, parce que je voulais te revoir, ne fût-ce qu'une heure, une minute...

— Tu savais donc que nous étions à Hyères?...

— Oui : l'autre soir, en travaillant sur le port, je crus reconnaître de loin un domestique portant la livrée de madame. La vue de ces galons fit naître dans mon cœur le seul mouvement qui, depuis dix mois, n'ait pas été douleur, désespoir ou rage. Comme ma

bonne conduite a fait relâcher un peu la surveillance
et qu'on me laisse travailler avec les libérés, j'eus
le temps de promettre à l'un d'eux la moitié de mon
petit pécule, s'il pouvait, sans faire semblant de rien,
s'attacher aux pas de ce domestique, voir où il s'arrê-
terait, et m'apporter des renseignemens. La commission a été bien faite : le lendemain, j'ai su que vous
étiez ici ; ce lendemain, c'était hier ; et, ce matin, je
me suis évadé ; je ne te raconterai pas mon évasion ;
qui en a vu une, en a vu cent ; c'est toujours différent
et toujours la même chose. Mais je ne me fais pas d'illusion ; d'ici à vingt-quatre heures, je serai rattrapé.
Sans papiers et sans vêtemens de rechange, il n'y a
pas moyen de se dérober aux poursuites ; je suis sûr
qu'elles commencent déjà... et tenez, entendez-vous ?

Le temps était si calme et si pur, qu'on entendit distinctement, malgré la distance, le bruit de trois coups
de canon tirés à intervalles égaux.

— C'est pour moi que l'on tire, reprit Claude : ces
trois coups veulent dire qu'il manque un galérien à
l'appel du soir : qu'importe ? Julie, j'ai voulu te voir
encore une fois : j'aurais mis le feu à l'arsenal plutôt
que d'y renoncer !

— Oh ! faudra-t-il donc te perdre après t'avoir revu?

s'écria Julie en regardant involontairement madame de Varni comme si elle en attendait quelque secours. Madame de Varni demeura immobile.

— Me perdre, reprit Claude, et cette fois pour toujours : car c'est par les galères à perpétuité qu'on punit les tentatives d'évasion. Julie, peut-être vaut-il mieux maintenant que nous soyons séparés ? je ne suis plus digne de toi. Entré pur et honnête dans cette fourmilière de crimes et de vices, il me semble parfois que l'air qu'on y respire va me rendre aussi méchant que les autres. Eh ! pourquoi pas? ajouta-t-il avec une exaltation croissante : à quoi sert d'être bon ? ne sont-ce pas les méchans qui prospèrent? Le pouvoir, la force, le bonheur, n'est-il pas pour eux, pour eux seuls? Vois plutôt: Baptistin triomphe ; M. de Varni est heureux ; et madame se meurt ; et M. de Tervaz est mort dans d'horribles souffrances ; et nous, nous nous aimons sans espoir; et moi, je suis... aux galères ! Vraiment ! c'est à dégoûter du métier d'honnête homme !...

— Tais-toi, malheureux ! tu m'épouvantes ! interrompit Julie.

— Laisse-le dire, répliqua madame de Varni qui écoutait avidement chacune des paroles de Claude.

— Aussi ma résolution est prise ! continua ce dernier ; j'ai voulu te voir ; j'ai voulu te dire que je t'aimais toujours ; et maintenant, plutôt que de m'épuiser en efforts inutiles pour échapper aux poursuites, je me livrerai moi-même ; puis, pour en finir, pour abréger la perpétuité, je donnerai un bon coup de couteau à n'importe quel garde-chiourme ; et alors mon compte sera vite fait : condamné à mort, exécuté dans les vingt-quatre heures, et je ne souffrirai plus !

— Oh ! mon Dieu, mon Dieu ! ce n'est plus Claude, c'est le démon qui parle par sa bouche ! dit Julie avec angoisses.

— C'est bien là ta résolution ? reprit tout-à-coup madame de Varni en fixant sur Claude son regard enflammé par la fièvre.

— Oui.

— En vérité, Claude, tu me méprises donc bien ?

— Moi, Madame !... s'écria-t-il au comble de la surprise.

— Parce que j'ai accepté ton sacrifice, parce que je t'ai laissé condamner pour ne pas me trahir, pour garder intact mon honneur, tu crois donc que je serai toujours lâche ? tu crois que je vais t'abandonner à ceux qui te poursuivent, faute d'un habit ou d'un chiffon de papier ?...

— Chère et bonne dame! vous le sauverez! dit Julie les mains jointes.

— Claude ! poursuivit Maria ; tu ne seras pas repris, tu ne retourneras pas aux galères, tu ne seras pas condamné à mort ; tu seras libre, tu seras riche, tu seras heureux, tu épouseras Julie.

Au lieu de remercier ou de répondre, il fit un pas vers elle, lui saisit la main, et lui dit, en la regardant à son tour avec une fixité effrayante :

— Vous allez m'ordonner, n'est-ce pas ? quelque chose de terrible ?

— C'est possible, répondit-elle.

— Vous voulez que je le tue ?

— Qui ?

— Mais... le vicomte de Varni.

— Tuer M. de Varni ! reprit la vicomtesse qui puisait une énergie passagère dans l'idée même qui la consumait ; le tuer, en une fois, d'un seul coup, presque sans souffrance, sans que rien prolonge ou renouvelle après lui notre vengeance et son châtiment ! Me crois-tu donc assez débonnaire pour me contenter de si peu?... Quoi! quelques gouttes de sang, le froid du fer, une seconde d'agonie, rien de plus!... rien de plus pour tout le mal que nous a fait cet homme, à toi, à moi, à Gaston, à Julie, à tous! Tu trouves que pour tout cela c'est assez de le tuer, et tu te vantes d'être devenu méchant!... Oh! Claude, je suis plus méchante que toi, et les galères que j'ai là, dans mon cœur, m'en ont plus appris que les tiennes!

Claude et Julie frissonnèrent : Eh bien! Madame, ordonnez, répliqua celui-ci ; que faut-il faire?

—Pour le moment, bien peu de chose, dit-elle : attends une minute; j'ai besoin de tout calculer.

En prononçant ces derniers mots, madame de Varni se détourna et parut réfléchir : sans son extrême maigreur, nul, en cet instant, n'eût pu deviner qu'elle était malade. Elle que nous avons vue si débile et si chancelante, elle paraissait ranimée.

La soirée avançait ; le crépuscule, déjà si prompt à venir à cette époque de l'année, s'assombrissait de plus en plus. Le ciel, qui tout à l'heure ruisselait de pourpre et d'or, était devenu d'une blancheur lactée que perçaient, çà et là, les premières étoiles. Les teintes du couchant, éblouissantes et enflammées au commencement de cette scène, pâlissaient peu à peu, et se fondaient, à l'horizon, dans une brume violette snr laquelle se découpaient en noir les collines et les lointains. Julie et Claude s'étaient repris par la main ; et l'amour immense qu'on lisait dans les yeux de la jeune fille, jetait dans le cœur de son amant un bonheur depuis long-temps oublié, une force nouvelle qui le rattachait à la vie.

A la fin, madame de Varni revint à eux, et dit à Claude en se frappant le front : J'ai tout décidé.

— Que dois-je faire ? répéta le jeune homme.

— Ecoute ; tu te souviens de ce domestique que tu as vu, l'autre jour, sur le port, et dont la livrée t'a fait tressaillir ?

— Oui, Madame.

— Eh bien ! ce mouvement de joie était un pressentiment : voici la nuit ; pour plus de sûreté, tu vas rester ici jusqu'à nouvel ordre et t'y tenir caché. Pendant ce temps, Julie et moi nous allons rentrer. Ce domestique est de Nice ; il s'appelle Arrioli. Il n'est à mon service que depuis huit jours ; j'ai encore ses papiers entre les mains, et ils sont en règle : je vais, à l'instant même, envoyer Arrioli à Paris auprès de M. de Varni.

Ici Julie et Claude se regardèrent d'un air étonné.

— Oh! soyez tranquilles, reprit la vicomtesse, je sais ce que je dis, et je calcule les jours et les heures; Arrioli ira donc à Paris, et il portera de mes nouvelles à M. de Varni: monsieur le vicomte sera sensible à cette attention de son épouse bien-aimée!... poursuivit-elle avec une sombre ironie. Mais, pour faire ce voyage, Arrioli n'aura besoin ni de sa livrée, ni de son passeport: il lui suffira d'avoir une lettre de moi à l'adresse de mon mari, et une bourse bien garnie; dans une heure, il sera parti, et dans une heure, Julie t'apportera, ici même, le passeport et la livrée.

— Oh! Madame! que de bontés!

— Tu pourras alors revenir avec elle à la maison; tout le monde sera couché; elle t'introduira dans ma chambre, et je t'expliquerai le reste.

La fraîcheur du soir commençait à se faire sentir; madame de Varni, qui paraissait jusque-là ne s'être aperçue ni du changement de température, ni du frisson qui la faisait trembler malgré elle, ni des accès de toux qui la reprenaient fréquemment, dit à Julie:

— Rentrons vite; il est tard, et cette fraîcheur est malsaine; oh! maintenant, je veux me soigner : je veux vivre... au moins six jours.

Elles rentrèrent : au bout d'une heure, le domestique partait pour Paris, portant la lettre suivante :

« Les médecins assurent que je n'irai pas jusqu'à la fin d'octobre : pour l'honneur de votre nom et du mien, peut-être ne serait-il pas convenable que l'on vous vît rester à Paris pendant que je meurs ici. »

— La fin d'octobre ! avait dit tout bas madame de Varni en fermant la lettre ; Dieu merci ! je n'arriverai pas jusque-là.

Dès que le domestique fut parti, Julie apporta à Claude les papiers, et l'habit de livrée. Pendant le temps que Rioux avait passé au bagne, où toutes les pensées sont constamment tournées vers les chances d'évasion, il avait acquis dans l'art des déguisemens une habileté si grande, que lorsqu'il entra, quelques momens plus tard, dans la chambre de madame de Varni, celle-ci eut peine à le reconnaître.

A l'aide d'un rasoir et d'un sachet de poudre que Julie lui avait procurés, Claude s'était débarrassé de sa barbe ; ses cheveux ras, habilement poudrés, et à demi cachés sous son chapeau à galons, lui donnaient l'air d'un valet de chambre de haut parage, et adoucissaient le hâle inquiétant de sa peau rude et brunie. Des culottes de drap noir, des bas blancs sur lesquels il avait bouclé des guêtres de voyage, la veste et l'habit galonnés aux couleurs de la maison de Varni, complétaient un travestissement capable de dépister les plus fins limiers, fussent-ils dirigés par M. de Sartines.

Madame de Varni reçut Claude dans sa chambre : elle avait renvoyé ses femmes, et elle était seule, plongée dans son fauteuil de malade. De toute sa beauté d'autrefois, elle n'avait conservé que ces grands yeux bleus et ces magnifiques cheveux blonds cendrés que Julie peignait et déroulait sous ses doigts pendant qu'elle parlait à Claude. Celui-ci, dont l'ame bronzée et endurcie par la douleur venait pour ainsi dire de se rasséréner et de s'attendrir sous la douce influence de son amour, éprouva un sentiment de pitié profonde, en contemplant cette femme, cette noble compagne de son enfance, tendant vers lui sa main diaphane et son bras décharné.

—Claude, lui dit-elle, nous nous regardons, et nous nous étonnons tous deux l'un de l'autre, n'est-ce pas? J'admire ton bon air : que dis-tu du mien?

— Oh ! Madame ! s'écria le jeune homme les larmes aux yeux.

— Ne me plains pas ; je suis contente aujourd'hui,

contente de moi comme de toi : nous sommes tous deux tels que nous devons être, toi pour vivre, moi pour mourir.

Et un sourire effleura ses lèvres livides.

— Donnez-moi donc vos ordres reprit Claude; quels qu'ils soient, je suis prêt à vous obéir.

— Tu vas partir pour Avignon ; tu t'arrangeras pour y arriver de nuit; tu ne te feras reconnaître à personne qu'à Dominique Ermel.; tu lui diras que je l'attends : ensuite tu feras passer à Antoinette Margerin cette lettre que j'ai eu la force de lui écrire, et où je la prie de venir bien vite me retrouver ici, avec son père, si elle veut m'embrasser encore une fois. J'en suis sûre, ni elle, ni M. Margerin ne résisteront à cette prière... Oh ! je veux que la réunion soit complète.

— Et elle le sera, je vous en réponds, reprit Claude; et ni Dominique, ni le père Margerin, ni mademoiselle Antoinette ne manqueront à l'appel. Voilà tout ce que vous avez à m'ordonner?

— Oui, pour aujourd'hui. Maintenant, pars sans perdre une minute... Voyons; nous sommes au 5 octobre : tu ne peux pas être à Avignon avant le 7 : le 10 au matin, vous devez tous être ici, Dominique, Antoinette, M. Margerin et toi.

— Oui, Madame.

— Mais, au moins, pas un jour de plus ; songez tous que mes heures sont comptées, et qu'il faut que je sois encore vivante quand vous vous trouverez réunis dans cette chambre. Pense bien à tout ; que personne, excepté Dominique, ne te reconnaisse : n'oublie pas qu'à dater de ce moment, tu ne t'appelles plus Claude Rioux, mais Arrioli : n'oublie pas que, de la commission que je te donne, dépendent ta vengeance et la mienne !

Claude s'inclina et sortit précipitamment.

Pendant les quatre jours qui suivirent, l'état de madame de Varni s'aggrava avec une rapidité effrayante. L'ardeur même des émotions que lui avait causées sa rencontre avec Claude, la violence qu'elle s'était faite pour tout combiner et tout prévoir malgré sa faiblesse, amenèrent chez elle une de ces réactions habituelles dans les maladies chroniques, et qui dépassent dans leurs ravages terribles, les prévisions les plus sinistres : les trois premiers jours, elle ne quitta plus sa chambre ; le dernier, elle ne sortit plus de son lit. On peut croire qu'elle aurait succombé, si une pensée plus forte que tout le reste ne l'avait fait vivre encore, en dehors des conditions ordinaires de la vie.

Cette lutte de la volonté contre la souffrance et contre la mort donnait à son visage, à son regard, quelque chose de surnaturel : elle disait de temps à autre à Julie qui se désolait :

— Rassure-toi ; je vivrai jusqu'au 10 octobre.

Le 10 au matin, vers neuf heures, Antoinette Margerin arriva avec son père : elle se précipita en pleurant sur le lit de madame de Varni et la tint étroitement embrassée :

— Prends garde, chère enfant, lui dit doucement la malade; mon souffle pourrait te donner mon mal, et je veux que tu restes toujours belle.

Maître Margerin avait la physionomie solennelle et lugubre que prennent inévitablement les notaires en pareille circonstance.

— Antoinette, reprit madame de Varni, je te remercie ; il m'eût été cruel de mourir sans revoir la douce compagne de mon enfance... ah ! nous étions heureuses alors! quels bons momens nous avons passés au bor d du Rhône, à respirer cet air libre et pur, cette bise qui faisait circuler dans nos veines des frissons de jeunesse et de vie !... mais où vais-je égarer mes souvenirs ? ajouta-t-elle en essayant de se soulever sur son séant : monsieur Margerin, soyez le bienvenu : vous avez depuis long-temps la confiance de ma famille, et c'est à vous seul quej'ai dû songer pour faire mon testament: seulement, je ne le ferai que ce soir.

Quelques heures après, on vit arriver Dominique Ermel ; une vive rougeur teignit les fraîches joues d'Antoinette ; madame de Varni le regarda avec anxiété, comme si elle s'attendait à voir quelqu'un derrière lui :

— Et Claude? lui demanda-t-elle à voix basse au moment où il s'approcha de son chevet.

— Il vous fait dire qu'il sera ici à huit heures du soir.

— Huit heures! reprit-elle en regardant la pendule; ce ne sera pas trop tard: mais nous aurons tout juste le temps.

La journée s'écoula avec cette lenteur silencieuse, inquiète, trop bien connue de tous ceux qui ont passé de semblables heures auprès du lit d'un mourant: de temps en temps, Maria, qui s'affaiblissait de plus en plus, faisait signe à Dominique et à Julie que Claude n'arrivait pas.

Dans le courant de la soirée, un prêtre, instruit de l'état désespéré de madame de Varni, fit demander si elle voulait le recevoir : Pas encore! le Notaire avant le Prêtre! répondit-elle.

Enfin, huit heures sonnèrent ; presqu'au même instant, Claude parut au seuil de la chambre. L'unique flambeau qui éclairait l'appartement répandait une lueur si faible et si pâle, et d'ailleurs Claude était si bien déguisé, que ni maître Margerin, ni même Antoinette ne le reconnurent. Il ressemblait à s'y méprendre, à un domestique ordinaire venant se mettre aux ordres de sa maîtresse. Afin de mieux donner le change, il apportait un plateau sur lequel il avait mis une potion et un verre.

Il s'avança, sans affectation d'empressement, vers madame de Varni, et tout en posant le plateau sur le guéridon, il dit de façon à ce qu'elle seule pût l'entendre :

— Excusez-moi, Madame, si je vous ai fait attendre ; j'ai eu besoin d'une nuit de plus...

— Et pourquoi?

— Pour assassiner Baptistin.

— Ah! tu as bien fait ; j'avais oublié de te le dire, reprit-elle avec calme : puis elle ajouta à voix haute : Arrioli, laissez-là ce plateau, et donnez à M. Margerin tout ce qu'il faut pour écrire... Monsieur Margerin, soyez assez bon pour me prêter votre ministère.

Le notaire s'assit devant une petite table, et déroula un cahier de papiers. Dominique Ermel était à ses côtés ; Julie, debout près du lit, tenait dans ses mains une des mains de Maria, et interrogeait le pouls avec angoisse : toutes les cinq minutes, elle lui faisait respirer un cor dial qui la ranimait pour un instant : Antoinette, un peu en arrière, ne cessait pas de prier : avec ses blonds cheveux, ses mains jointes, et ses yeux baignés de pleurs, on eût dit l'ange gardien de la mourante. Claude Rioux s'était retiré au fond de l'appartement. Son regard ardent se fixait tantôt sur madame de Varni, tantôt sur un grand rideau de soie noire qui occupait la cloison en face du lit, et sous lequel, lorsque le soulevait une bouffée d'air, on pouvait entrevoir un cadre doré.

Le silence était profond, on n'entendait que le balancier de la pendule et la respiration oppressée de Maria: à travers la fenêtre, qu'on avait entr'ouverte pour aérer un peu la chambre, on sentait venir une brise tiède, portant avec elle les douces senteurs de cette heureuse contrée.

— Monsieur Margerin ! écrivez ! dit Maria au milieu de ce lugubre silence.

Et elle lui dicta son testament.

Voici quel fut le testament de madame de Varni :

« Pouvant, d'après les clauses de mon contrat de mariage, disposer en toute liberté des biens que je me suis réservée, savoir :

» Les diamans de ma mère ;

» Le pavillon de Mignard, avec les jardins et dépendances ;

» J'institue mon légataire universel M. Dominique Ermel, actuellement clerc dans l'étude de maître Margerin, notaire à Avignon, rue Banasterie.

» M. Dominique Ermel héritera donc de mes diamans, évalués à cent mille écus, et des bâtimens et terrains formant le pavillon de Mignard.

» Le tout sous la condition unique et exclusive, qu'il achètera l'étude de maître Margerin, et qu'il épousera mademoiselle Antoinette Margerin, sa fille.

» Faute de quoi, lesdites propriétés seront vendues, et le prix donné aux hospices d'Avignon.

» Fait à Hyères, le 10 octobre 1756.

» Et ai signé. »

Madame de Varni eut la force de prendre le papier des mains de maître Margerin ; il lui présenta la plume, lui désigna la place, et elle signa lisiblement.

Antoinette et Dominique firent un mouvement pour courir à elle et la remercier ; elle les arrêta d'un signe, et ajouta d'une voix haletante, mais toujours impérieuse.

— Tout n'est pas fini ; j'ai encore quelque chose à dire... monsieur Margerin, et toi, ma bonne Antoinette, veuillez sortir un moment ! Dominique, et toi, Julie, et vous aussi, Arrioli, demeurez.

M. Margerin sortit avec sa fille ; dès que la porte fut fermée sur eux, madame de Varni reprit précipitamment :

— Dominique ! Claude ! Julie ! venez vite ! Vous, Dominique Ermel, vous êtes maintenant mon seul notaire ; prenez une feuille blanche, et écrivez mon vrai testament, celui qui sera valable pour vous trois. Et elle dicta :

« Je lègue mes diamans et le pavillon de Mignard à M. Dominique Ermel.

» Il vendra les diamans, qui valent cent mille écus, et remettra la moitié de cette somme à Claude Rioux.

17

» Ledit Claude Rioux, dès que j'aurai fermé les yeux, passera en Italie sous le nom d'Arrioli; il emmènera Julie Thibaut et l'épousera.

» Ledit Dominique Ermel achètera l'étude de maître Margerin; il épousera Antoinette Margerin; il demeurera à Avignon.

» D'ici à trois ans, il fera raser le pavillon de Mignard, de façon à ce qu'il n'en reste plus pierre sur pierre. »

Madame de Varni s'arrêta un moment; elle paraissait recueillir les derniers souffles de vie qui lui restaient.

— A présent, Julie, dit-elle, tire le rideau qui couvre ce cadre, et allume un flambeau de plus.

La jeune fille obéit, alluma un flambeau, s'avança vers le rideau de soie noire placé vis-à-vis le lit, et le tira d'une main tremblante; on put voir alors le portrait de madame de Varni telle qu'elle était à l'époque de son mariage. Vien, l'auteur de ce portrait, semblait avoir pressenti les douleurs de Maria, tant il avait mis d'expression dans son regard, tant il avait eu soin de rendre les premiers symptômes de langueur et de souffrance qui s'étaient révélés dès lors sur cet ad-

mirable visage. Seulement cette nuance presque im-
- perceptible s'était si bien adoucie sous les doigts du
peintre, qu'il en avait fait une beauté de plus, et que
ce portrait donnait lieu à un bien douloureux parallèle.

— Claude ! Dominique ! Julie ! reprit madame de
Varni ; regardez ce portrait ; ce visage, c'était le mien
il y a deux ans ; maintenant, regardez-moi ! me trou-
vez-vous assez changée ?

Ils gardèrent le silence ; elle continua :

— Dominique ! je vous lègue aussi ce portrait ; vous
ferez graver sur le cadre le lieu et la date de ma mort :
Hyères, 10 octobre 1756.

Le jeune homme baissa la tête en signe de douloureuse obéissance.

— Ce n'est pas tout ! poursuivit-elle : Claude et Dominique, voici la clause suprême de mon testament :
vous aurez des enfans, n'est-ce pas ?.. oui, vous en
aurez, et monsieur de Varni en aura aussi : car il va
être libre, et je sais, je suis sûre qu'il se remariera.
L'avenir de sa race, l'orgueil de son nom dont il est le
seul héritier, lui ordonnent de se remarier et d'avoir
un fils. Qu'on ne touche pas à un cheveu de sa tête,

tant qu'il ne sera pas époux et père : pour le mal qu'il m'a fait, ce serait trop peu d'une victime, et si ma vengeance n'atteignait que lui seul, je ne me croirais pas vengée : non, qu'il vive et qu'il se voie revivre dans un fils, et que ce fils ait des enfans, pour que tous aient leur tour et qu'il en reste toujours un en ce monde, marqué au front pour le châtiment. Toi, Claude, tu rentreras en France dès que tu le pourras sans danger ; vous, Dominique, vous attendrez que Claude soit revenu : alors concertez-vous ; alors frappez ; alors cherchez à deviner comment il faut vous y prendre pour que le coup soit plus affreux, la plaie plus profonde, le supplice plus irréparable ! Soyez inflexibles comme des juges ; impassibles comme des instrumens ; impitoyables comme des bourreaux. Mais en s'appesantissant sur l'homme, que votre main n'éteigne jamais la race ! qu'elle s'arrête toujours à l'enfant destiné à grandir et à perpétuer son nom pour perpétuer mon œuvre ! qu'on le respecte et qu'on veille sur lui comme sur un trésor ; un trésor de haine où vous puiserez sans le vider. Pour que ce but soit complètement atteint, pour que mon testament soit bien exécuté, ce n'est pas assez que vous vous souveniez de moi et de ce que j'ai souffert : il faut encore que vous inspiriez à vos enfans les pensées que je vous inspire ; il faut que vous les éleviez pour cette mission vengeresse dont je vous investis ; il faut qu'ils héritent de vous comme vous héritez de moi ; il faut qu'après vous ils agissent en votre nom , comme vous agirez vous-même au nom de cette Maria dont vous recueillez en ce moment les dernières paroles !...

Madame de Varni retomba épuisée ; de grosses gouttes de sueur baignaient son visage ; mais il y avait encore de la vie dans son regard dont l'ardeur semblait redoubler à chacune de ses paroles :

—Encore un mot, ajouta-t-elle : Je veux que ma vengeance atteigne trois générations, et, pour cela, je lui assigne quatre-vingt-dix ans de durée. Datée du 10 octobre 1756, elle ne finira que le 10 octobre 1846. Claude , Dominique , Julie , m'avez-vous bien entendue ?

— Oui, murmurèrent-ils, frissonnant et subjugués.

— Et me jurez-vous d'exécuter en tous points et de léguer à vos fils la tâche que je vous lègue ?

—Nous le jurons.

—Vos mains !

Ils lui tendirent leurs mains qu'elle pressa tour-à-tour de ses doigts moites et refroidis.

— A présent tout est fini, dit-elle ; faites rentrer M. Margerin et Antoinette ; toi, Claude, reprends ton nom d'Arrioli, et retire-toi, comme tout-à-l'heure, au fond de la chambre : puis, introduisez le prêtre !

Antoinette et son père rentrèrent ; madame de Varni fit signe à la jeune fille de se rapprocher de son lit : Chère et douce amie ! lui dit-elle, il n'y a pas, dans ton âme angélique, un seul sentiment qui ne soit amour, bonté, résignation et tendresse : le souffle des passions qui nous agitent, passe près de toi sans l'atteindre, sans troubler la pureté de ton front, la sérénité de ton cœur. Conserve toujours, Antoinette, cette sainte et belle ignorance : rends Dominique heureux ; sois heureuse ; et toi qui sais prier, prie pour ceux qui ne le savent plus !

Antoinette retomba à genoux en sanglotant ; Julie resta seule au chevet de Maria.

En ce moment, le prêtre entra ; madame de Varni paraissait si abattue, qu'il ne lui demanda rien ; il lui adressa quelques paroles de consolation ; puis il se mit à réciter les prières.

La nuit avançait : M. Margerin, Dominique et Antoinette répétaient, après le prêtre, les paroles sacrées : Claude, à genoux derrière eux, gardait le silence. Julie était toujours debout, et son regard ne quittait pas un instant le visage de la malade, que gagnaient visiblement les premières ombres de la mort.

Tout-à-coup, par un effort inattendu et suprême, madame de Varni se dressa à demi, et attirant Julie à elle avec une énergie incroyable, elle murmura à son oreille :

— Adieu, Julie, nous serons vengées !

— Ma fille, dit à son tour le prêtre en se penchant vers Maria, pardonnez-vous à tous ceux qui vous ont offensée ?

Elle ne répondit pas ; elle était morte.

FIN DU PREMIER VOLUME.

TABLE DES CHAPITRES.

HISTOIRE

DU ROI DE ROME

(DUC DE REICHSTADT),

précédée d'un coup d'œil rétrospectif sur la Révolution, le Consulat et l'Empire,

PAR J. M. CHOPIN,

AUTEUR DE L'HISTOIRE DES RÉVOLUTIONS DES PEUPLES DU NORD, DE L'HISTOIRE DE RUSSIE,
DE DANEMARCK, ETC., ETC., SUIVIE D'UN PRÉCIS HISTORIQUE SUR

LA FAMILLE BONAPARTE.

OUVRAGE ILLUSTRÉ DE 20 BELLES VIGNETTES

Dessinées par MM. Jules David, Schopin, Latil, Baron, A. Marquet, Staal, et gravées
par M. A. Portier.

CONDITIONS DE LA SOUSCRIPTION :

L'Histoire du Roi de Rome et de la famille Bonaparte, illustrée, sera publiée en
65 livraisons.

L'ouvrage formera deux forts volumes, format très grand in-8°, papier vélin, contenant 20 gravures sur acier.

Le prix de la livraison est de 30 cent. pour Paris et 40 cent. pour la province.

Il paraîtra une livraison ou deux par semaine.

Les quarante premières livraisons sont en vente.

Imprimerie D'ÉDOUARD PROUX et comp., rue Neuve-des-Bons-Enfants, 3.

www.ingramcontent.com/pod-product-compliance
Lightning Source LLC
LaVergne TN
LVHW020117060726
842526LV00004B/1155